LES NOBLES CADENCES

Vers et proses pour l'éternité

Borialiß

LES NOBLES CADENCES

Vers et proses pour l'éternité

Copyright © Borialiß
Tous droits réservés
ISBN : 9798858808169

DÉDICACES

In Memoriam **Yves Guéguéniat**,
professeur de Lettres Classiques,
ami et mentor, qui m'a tant appris
et envers qui je me sentirai
éternellement redevable.

In Memoriam **Jean-Jacques Simler**,
professeur germaniste,
collègue et ami
dont les qualités humaines
furent d'une rare exemplarité.

Pour **Alain Nicola**,
ami de longue date,
professeur germaniste, romancier et poëte.

Pour mon ami **Jacques Bellezit**,
frère poëte à l'érudition hors pair.

Benfeld, le 17 août 2023, Borialiß.

En guise de préface

> J'écris, dans ce livre de stances,
> Avec mon âme, avec mon sang,
> Comme humble hommage au Beau puissant,
> Mes chansons aux nobles cadences.
>
> 22 juin 2023

J'ai parfois aimé, beaucoup souffert et souffre encore par moments. Mais j'ai donné à ce monde qui, somme toute, vaut la peine d'être admiré et parcouru, les accents sincères et beaux de chants idéals que d'aucuns peut-être après moi trouveront dignes d'être transmis aux générations à venir.
J'ai voué mon âme sans cesse à de sidérales merveilles. D'aucuns encore m'ont taxé de doux rêveur et n'ont pas cru en moi.
Mais peu me chaut : j'ai persisté dans mon œuvre et gardé l'audace ferme de croire que mon existence n'aura pas été vaine.
Peut-être que la Grande Faucheuse me guette déjà au détour d'une sournoise voie, mais je ne la crains plus, ayant hélas ! dû laisser disparaître dans l'inexorable Nuit des êtres chers et d'admirables et nobles compagnons canins.
Le Paradis m'attend peut-être par-delà le voile pénombreux de l'existence et, quand la Camarde à moi se présentera, je l'accueillerai avec humble acceptation en lui disant : « Venez me prendre, définitive amante ! Je ne vous redoute plus désormais. Je suis fin prêt. *Mon œuvre est accomplie.* »

Benfeld, 20 mai 2021-2 juillet 2023, Borialiß.

LIMINAIRE

L'Éternel féminin

> Das Ewig-Weibliche zieht uns hinan.
> Faust. Der Tragödie zweiter Teil.
> Goethe.

Silence,
Mon cœur !
Avance
Sans peur.
En ville,
Fébrile,
Défile
L'horreur.

Et ma peine
Point ne dort
Et me mène
Vers la mort.
Sur ma route
Vit le doute
Qui sans doute
Est trop fort.

Et je m'enlise
Dans un chagrin
Qui s'éternise
Jusqu'au matin.
La nuit ravive
Ma douleur vive.
Je veux qu'arrive
Le lendemain.

Dans le répertoire
De mes souvenirs,
S'écrivit l'histoire
De brûlants désirs.
Loin de ma détresse,
Je veux que renaisse
Ma folle jeunesse
Riche d'élixirs.

Reviens me dire, Amie,
Les mots illuminant
Naguère notre vie,
Le doux balbutiement
De ta bouche sonore.
Il me foudroie encore
Et, jusques à l'aurore,
Ce fut l'enchantement !

Et, du crépuscule à l'aube,
Notre tendre intimité
Honorait, hors de ta robe,
Ta superbe nudité.
Et tu sus, ma gente dame,
Attiser l'ardente flamme
Qui fait que j'aime la Femme
Pour toute l'éternité !

Depuis, mainte amante fiévreuse
Me serra dans ses bras exquis.
Mais toute joie est ténébreuse
Lorsque l'amour vire au mépris
Et qu'alors les regrets arrivent
Comme des bateaux qui dérivent,
Pareils aux cloisons qui nous clivent
Quand nous demeurons incompris.

Et le temps fit qu'avec les jours qui passent
L'espoir revint, m'ouvrant des horizons.
Et le temps fit que mes rancœurs s'effacent
Au gré des jours et des longues saisons.
Mes vifs efforts et mon apprentissage,
Ma volonté, mon amour chronophage
Pour les beaux vers me rendirent plus sage,
Menant ma plume à d'augustes chansons.

Toi, Russie, avec ta culture
Me fus aussi d'un grand secours :
Ta musique ou littérature
M'émouvait aux larmes toujours.
Humblement, je devins l'esclave
Consentant de ce charme slave
Qui m'est un baume et qui me lave,
Paré de ses riches atours.

Dès lors, pour le temps qui reste
À ma nature d'humain,
Je me consacre à la geste
Du poëte au cœur d'airain
Se battant contre les rimes
Indigentes et minimes
Des littérateurs infimes :
Inculte menu fretin !

Et mon ultime quête
Est de connaître un jour
L'enivrant tête-à-tête
Avec le doux amour
D'une belle compagne
Qui marche et m'accompagne
Au Pays de Cocagne
Où nous ferons la fête !

Et, sans retenue,
Ta fougue vivra ;
Habillée ou nue,
Reine de fiesta !
Allons au sublime,
Rejoindre l'abîme
Ou la haute cime
Qui nous comblera !

Viens ! Je t'invite.
Allons partout
Ensemble et vite
Et jusqu'au bout !
Que notre joie,
Que Dieu tutoie,
Toujours flamboie !
Donnons-nous tout !

Il faut vivre
Sans retard.
Sois donc ivre
Et sans fard.
Nulle crainte,
Nulle plainte !
Âme enceinte
Du départ.

La tombe,
Le froid.
On tombe
Et croit !
L'intense
Et dense
Souffrance
Décroît.

30-31 octobre 2021-5 août 2023

POÈMES À VÉRONIQUE

À Véronique B***,
rencontrée et connue à Orléans-la-Source.
Benfeld, le 17 août 2023, Borialiß.

I. – Ta chevelure...

Ta chevelure sombre et belle
A la senteur et le reflet
Qui sont bien de ceux qu'il me plaît
D'aimer en mon âme éternelle.

21 novembre 1988-15 juillet 2023

II. – Encore un petit jour…

Encore un petit jour à peine,
Et puis ce sera, demain soir,
L'achèvement de la semaine,
Que je souhaitais pour revoir
Enfin ma Dame Souveraine !

21 novembre 1988

III. – Pour le meilleur et pour le pire...

Pour le meilleur et pour le pire,
Reprenons notre ancien délire
Afin que renaissent encor
Une fois, si tu veux, Trésor,
Les félicités opulentes
De tes caresses affolantes !

21 novembre 1988-4 août 2023

IV. — Va-et-vient d'amour…

Va-et-vient d'amour… J'ai bien peur
Que, si je ne pouvais plus vivre
Dans le réconfort de ton cœur,
Qui suprêmement me délivre…

Je crains fort que si tes chers yeux
Ne m'aimaient plus jusqu'à l'aurore,
Belle sous ses voiles brumeux,
J'irais quelque part pour enclore
Mon âme démente en des lieux
De fiel morbide et douloureux…

21 novembre 1988-26 juin 2023

V. – Vers quels horizons... ?

Vers quelle soif inassouvie
Me suis-je donc précipité ?...
Les rails ont redonné la vie
À mon esprit déconcerté.

Sur le moment, vois-tu, mon ange,
J'ai vu le monde basculer ;
Mais courage ! car tout s'arrange,
Et tout tracas va s'en aller.

10 janvier 1989-4 août 2023

VI. – C'est mon amour qui doute…

Je ne sais s'il faut dire
Ce que ressent mon cœur
Comme douce langueur
À te voir me sourire.

Je ne sais s'il faut voir
Sur tes traits la présence
D'une allègre romance
Ou d'un vil désespoir.

C'est mon amour qui doute
De ne savoir choisir
Le chemin du plaisir
Ou la plus sombre route !

14 janvier 1989

VII. – Il faut m'aimer...

Il faut m'aimer, ma douce enfant :
Je suis le réconfort qui change
Ta vie en espoir triomphant...
Il faut que tu m'aimes, mon ange !

14 janvier 1989-4 août 2023

VIII. – Félicité

      Qu'est-ce que le bonheur ?
Un petit chien folâtrant dans la neige
      Et, dans le fond du cœur,
Le sentiment que notre âme s'allège.

      Qu'est-ce que le désir ?
Le tremblement long de nos doigts complices ;
      L'attente du plaisir,
Jusqu'au sommet du plus vieux des délices !

27 février 1989

IX. – Merveilleuse fille...

Merveilleuse fille au-delà de mon âme ! Écoute mon cœur harassé par la fatigue infâme du grisâtre quotidien. Connais-tu le remède au mal qui me ronge, ce vide vertigineux qui me submerge parfois ? Parfois, mon âme est grise autant que la pesante pénombre des majes-tueuses églises où je ne vais pas souvent. Certains hommes ont tué Dieu, le portail du cimetière est clos ; seul mon pauvre cœur est encore entrouvert. J'attends les doigts qui sur mon front imprimeront l'extase. J'attends impatiemment la main suave qui effacera le non-sens de mon existence morne. J'attends avec espoir la main toute-divine qui me cajolera. Sera-ce la tienne ?
Ô dis-moi, merveilleuse fille ! Sera-ce la tienne ?

27 février 1989-16 juillet 2023

X. – Protection

Mon Dieu ! garde Véronitchka ;
    Protège ma chérie.
    Sur sa route de vie,
Du moindre mal éloigne-la.

4 mai 1989-16 juillet 2023

XI. – Fantaisie en mauve

Viens-t'en vite, Véronitchka !
J'ai besoin de tes phrases mauves.
Déchire la nuit !... J'ai déjà
Peur d'être seul, pareil aux fauves.

4 mai 1989-10 août 2023

XII. – Avec nos doigts épris...

Avec nos doigts épris extrêmement,
Réinventons ensemble la tendresse ;
Véronitchka ! Serre-moi fort... et laisse
Dormir ma tête à ton sein innocent.

4 mai 1989

XIII. – Rencontre

Sur le quai d'une gare,
On se rencontrera ;
Et ta main brisera
L'absence qui m'égare
Et qui nous sépara.

Et la nuit magnifique
Nos âmes bercera ;
Puis l'extase naîtra,
Sur un fond de musique,
Avec Véronitchka...

Déjà, mes doigts désirent
L'écrasante douceur
Que renferme ton cœur ;
Et mes lèvres délirent
Pour un si pur bonheur !

4 mai 1989

XIV. – Apaise-moi...

Apaise-moi, ma Véronique,
      Aussi loin que tu sois...
Et fais que l'Horloge Magique
      Me rapporte ta voix !

Je souhaite que nos caresses
      Assassinent la peur,
En désirant que tu renaisses,
      Étreinte sur mon cœur !

Fais aussi que les nuits s'envolent,
      Mouvantes sous nos mains ;
Que les longues heures décollent
      Devant nos lendemains !

Toi, moi !... Partis seront les mondes
      Tout autour de nous deux...
Nous boirons nos âmes profondes
      Dans le fond de nos yeux !

5 juin 1989

XV. – Écriture, amour et vie

Sur le rail frénétique,
Je n'écris que pour toi,
Très chère Véronique !
Car tu n'aimes que moi.

Dans ta chambre magique,
Tu n'écris que pour moi,
Ma douce Véronique !
Car je n'aime que toi.

En mon âme pudique,
Je ne vis que pour toi
Ma tendre Véronique !
Tu ne vis que pour moi.

5 juin 1989

XVI. – Prédilection

      Véronitchka, je t'aime !
Comme le vent aime la mer ;
      Je t'adore à l'extrême,
Et notre bonheur m'est si cher.

5 juin 1989

XVII. – Sablier d'amour

Je suis fort, car Véronique m'aime !
Et j'affronte, en dénombrant les jours,
Sans pleurer le temps, dont le cours blême
Doit venir libérer nos amours.

5 juin 1989

XVIII. – Les douleurs éteintes

Véronique, ton corps,
Où que je sois, me hante !
Je ne vis plus dès lors
Que mon âme est dolente.

Je souffre de ne voir
Scintiller ta présence,
Débordante d'espoir,
Dans ma morne existence.

Je suis triste d'avoir
À taire ton image ;
Et le jour et le soir,
Il me faut être sage.

Il faut que mon cœur pur
Surmonte mainte épreuve
Pour que l'Ignoble Mur
Tombe sous l'aube neuve.

L'aube neuve verra
Crouler soudain nos craintes
Quand on s'embrassera
Loin des douleurs éteintes !

6 juin 1989

XIX. – Pour ne pas que je pleure...

Pour ne pas que je pleure,
Viens-t'en me dire l'heure
Et dis-moi si déjà
Ma Véronique est là.

7 juin 1989

XX. – Envie exquise...

Au fond de ta chambre claire,
    J'aime à t'observer ;
    J'aime à savourer
Ta gestuelle légère.

Sur ton front resplendissant,
    Je pose une bise ;
    Une envie exquise
Me vient pour toi, douce enfant !

Et que j'aime, ô Véronique,
    À te voir dormir,
    À le voir agir,
Ton sommeil si bénéfique !

7 juin 1989

XXI. – Quatre jours...

Ah ! quatre jours, quatre jours, Véronique,
    À faire d'insensés travaux ;
   Mais combien cela sonne faux
Face aux plaisirs de ton corps magnifique !

7 juin 1989-10 août 2023

XXII. – Viens-t'en, pleine d'amour…

Viens-t'en, pleine d'amour encore !
Mon cœur est malade. Viens-lui
Insuffler la force indolore
Qui chassera le noir ennui.

Et le Prince de la Sagesse
Veut que vienne Véronitchka
Réparer son âme en détresse.
Elle seule l'apaisera.

7 juin 1989-27 juin 2023

XXIII. – Ma peine, c'est ton sourire…

Ma peine, c'est ton sourire
      Que je ne puis voir ;
Ce sont tes mains, doux délire
      Me manquant ce soir.

Ma peine, c'est l'amoureuse
      Que je ne sens pas
S'épanouir, bienheureuse,
      Au creux de mes bras.

Ma peine, c'est le calvaire
      Que n'apaise plus
Notre extase forte, et chère
      À nos cœurs émus.

Elle mourra bien, ma peine,
      Quand me reviendra
À la fin de la semaine
      Ma Véronitchka !

7 juin 1989-17 juillet 2023

XXIV. – Même si demain...

Même si demain ne sera pas le jour de nos retrouvailles tant désirées, du moins sera-ce le signe consolant que le temps monotone s'enfuit et que chaque heure qui passe me rapproche un peu plus de Véronique chérie !

7 juin 1989-16 juillet 2023

XXV. – Adieu

Les plus belles œuvres naîtraient de la solitude et de la souffrance. Qui a dit cela ? Je ne m'en souviens plus...
J'ai caressé ta chevelure, enlacé tes épaules, laissé fuir mon âme je ne sais où...
Le métro court... le train glisse... je m'enlise... Véronique, adieu...

7 juin 1989

XXVI. – Splendeur virginale

Si j'étais peintre, je peindrais
Ton visage où la paix repose,
Ses chers contours que je connais
Par le sourire qui s'y pose.

22 juin 1989-16 juillet 2023

XXVII. – Fantaisie ferroviaire

Douce France, tu me tueras !...
Tant de kilomètres de routes,
Des rails qui n'en finissent pas ;
C'est à vous insuffler des doutes !

28 juin 1989

XXVIII. – Abêtissement

Des chiffres à n'en plus finir !...
Je me demande bien si l'homme
Est vraiment fait pour peiner comme
Un robot exempt de désir !

28 juin 1989

XXIX. – La victoire est au bout…

La victoire est au bout. Qu'importe si tu souffres à présent dans le gouffre de l'ennui triste et désolant ? La victoire est au bout !

30 juin 1989-30 juin 2023

XXX. – Les rails qui courent !...

Les rails qui courent !... Les rails qui courent !... On sent leur délire frénétique. Et l'on veut écrire, écrire pour Celle qui habite au bout...

30 juin 1989-30 juin 2023

XXXI. – Tout à l'heure…

Tout à l'heure, ô quel bonheur, avant sa bise, *elle* reviendra !

26 juillet 1989-17 juillet 2023

XXXII. – Y a mon cœur qui saigne…

Y a mon cœur qui saigne ; reviens le délivrer !… Y a mes larmes qui ne baignent plus tes baisers. Y a le monde noir alentour, tout noir des sanglots lourds que j'ai versés. Y a un cœur de fille qui là-bas palpite… Elle porte tous mes délires, la fille aux yeux de rêve, derrière ses sourires…
Y a mes mains qui plongent dans le vide… C'est vrai que nulle éponge ne nettoierait mon regard hébété.
Y a des yeux de fille qui là-bas pétillent, se forçant à sourire à des visages anonymes. Y a l'amour qui dort, l'amour anesthésié par les circonstances bêtes ! Y a des circonstances qui veulent que des mains se séparent…
Y a des cloches qui sonnent le glas des sentiments. Mais y a l'amour, l'amour plus fort que tout au monde, qui ne permettrait pas qu'on le piétinât ! Y a l'amour qui se rebelle de rester inassouvi et qui veut qu'au bout du rail le rêve soit permis !
Y a un être à l'autre bout, un être humain qui lutte et qui pousse les jours, qui les pousse, les pousse toujours, en s'efforçant avec ferveur d'ignorer, s'il le peut, l'appel, l'appel noir et dément du désespoir si patient… Du désespoir qui attend… attend… attend…

5 août 1989-30 juin 2023

XXXIII. – Mon cœur est vide…

Mon cœur est vide des mots qu'elle n'ose pas dire…
Mon cœur a si mal qu'elle ne les dise point !

5 août 1989-27 juin 2023

XXXIV. – Impatience

Cruauté de toute heure qui passe
Sans le son de ta voix dans l'espace !...

Chaque jour sans nouvelles de toi
Est l'enfer le plus profond pour moi !

8 août 1989

XXXV. – Vacuité

    Je ne puis m'empêcher,
Où que j'aille et quoi que je fasse,
    De toujours éprouver
Ton absence qui me tracasse…

8 août 1989

XXXVI. – Quand sera-ce donc... ?

Quand sera-ce donc que mes mots,
      Sensibles à l'extrême,
Te diront en graves échos :
    « Ma chérie, ô je t'aime ! » ?

11 août 1989

XXXVII. – Tout ce qui n'est pas toi...

Jeune fille au bout de la nuit,
Confidente exquise à mon âme,
Viens-t'en vite !... L'amour détruit
Tout ce qui n'est pas toi : l'infâme

Cercle gris de mon quotidien,
Les fades couleurs de ma vie,
Qui s'écoule terne, aussi bien
Que ma vieille mélancolie...

11 août 1989-30 juin 2023

XXXVIII. – Ville géante

Ville géante,
Où se morfond
Le mal profond
De mon attente !...

11 août 1989

XXXIX. – Voyage initiatique

Je devrai mourir des trépas sans nombre
    Pour te mériter ;
Mener les combats farouches de l'ombre
    Avant de t'aimer.

11 août 1989

XL. – Billet doux

Mes lettres, telles des colombes,
Volent vivement jusqu'à toi…
Mon cœur a froid comme les tombes
Puisque ton amour est ma loi !

11 août 1989

XLI. – Carnaval

Soyons fous ensemble, veux-tu ?...
La nuit audacieuse et molle
A fait que le monde s'est tu...
Prends ton fou dans tes bras, ma folle !

11 août 1989

XLII. – Fantaisie en amour majeur

Je suis jaloux de qui t'effleure
Et de qui te serre la main ;
Trop loin de toi, mon âme pleure,
Féroce envers tout lendemain.

Tout lendemain qui me sépare
De ma ravissante âme-sœur
Fait qu'ainsi, tout seul, je m'égare
Dans un univers lourd d'aigreur…

Je respire l'air de l'absence,
Chargé d'oppressante moiteur…
J'aimerais tant que le silence
Meure par ta voix de bonheur !

J'aimerais tellement qu'arrive
De ton corps l'enivrante odeur,
Et que partent à la dérive,
Ensemble, mon cœur sur ton cœur !…

11 août 1989-17 juillet 2023

XLIII. – Auréole

Toc ! toc !... Les bottes de la fille
Martèlent l'âme au fond de moi ;
Ma route est longue jusqu'à toi,
Mais, au bout, ta présence brille !

11 août 1989

XLIV. – **Ton être est pur...**

Ton être est pur autant qu'une fontaine
Dont l'eau ravive, en mes soirs de cafard,
Mon front marqué de tristesse et de peine
D'être parfois loin de ton cher regard !

11 août 1989

XLV. – Amour exclusif

Les autres filles, je les vois,
Mais ce n'est qu'à toi que je pense...
Laisse-moi croire que tes doigts
M'apporteront la délivrance !

11 août 1989

XLVI. – Vœu d'amour

Je voudrais te séduire
Avec mes mots rimés
Afin de faire luire
Tes purs yeux bien-aimés !

12 août 1989-30 juin 2023

XLVII. – Sérénade angélique

C'est le bonheur qui me serre la gorge
Quand mes vœux sont par tes doigts exaucés...
Laisse-nous choir !... et que l'amour reforge
Les tendres mots qu'un ange a murmurés !

12 août 1989

XLVIII. – Enlacement

Dormir ensemble sous des draps
Parfumés de fraîches haleines...
Trouver l'extase entre nos bras...
Et que naissent les tendres chaînes !...

12 août 1989

XLIX. – C'est à chaque fois...

C'est à chaque fois autre chose ;
C'est plus qu'une main qui se pose
Sur mon front douloureux et las :
C'est un paradis plein d'éclats !

12 août 1989

L. – Elle voudrait revivre…

Elle voudrait revivre, en un rêve meilleur,
Ce qu'un cruel destin a rendu gris et morne :
Âpre déception que seul le Vrai Bonheur
Saura faire périr dans un amour sans borne…

13 août 1989-30 juin 2023

LI. – L'amour au bout du fil

J'ai tellement besoin de rire
        Et d'entendre chanter
Le doux et musical délire
        De ton joyeux parler !

Ensemble, chassons la tristesse
        De nos moroses jours ;
Déchire avec ton allégresse
        Mes silences trop lourds !

J'aime que tu parles, chérie,
        Pour faire évanouir
Quelque peu ma mélancolie
        Et pour laisser dormir

Ma tête lasse au fond du rêve
        Que façonne ta voix…
J'aime que jamais ne s'achève
        La danse de tes doigts…

Laisse-nous, dans l'extase tendre,
        Nos deux corps s'enlacer ;
Je ne veux plus longtemps attendre
        Ton suave baiser !

Chérie, ensemble, tout ensemble !...
    Je t'aime, et tu vivras
Contre mon cœur comblé qui tremble,
    À l'abri de mes bras !...

16 août 1989-18 juillet 2023

LII. – Il m'est doux de penser...

Il m'est doux de penser
Que, malgré la distance,
L'amour puisse exister,
Plein d'un espoir immense !

17 août 1989

LIII. – L'amour, ce grand sentiment…

L'amour, ce fort sentiment
Qui dépasse les frontières
Fait les femmes toutes fières
De leur merveilleux amant !

17 août 1989-18 juillet 2023

LIV. – Mais pourvu que je dise...

Dire n'importe quoi...
Mais pourvu que je dise
Ô combien, mon exquise,
Il ne me faut que toi !

17 août 1989

LV. – Amour intrépide

Ton souvenir demeure fort en moi :
Plus de sanglots, ni de peur ni d'émoi.

Je reviendrai bientôt chérir ton être,
Avec lequel le mien pourra renaître !

17 août 1989

LVI. – Il est déjà l'heure...

Il est déjà l'heure : partons !
Il est déjà l'heure ; je rêve...
Si tu veux, partons !... mais achève,
S'il te plaît, mes sanglots trop longs !

17 août 1989

LVII. – Aube nouvelle

Viens, mon ange au regard de velours,
M'apporter la douceur des beaux jours,
Qu'aucun mal ne pourra plus détruire.
Vite, viens ! car rien ne peut nous nuire.

17 août 1989

LVIII. – Rendre sa vie affriolante...

Rendre sa vie affriolante
En faisant lentement surgir
Sur sa figure ravissante
L'expression du pur plaisir !

26 août 1989

LIX. – Je ne suis jamais plus heureux...

Je ne suis jamais plus heureux
      Que quand ta tête frôle
      Tout à coup mon épaule...
Il n'est rien d'aussi merveilleux !

26 août 1989

LX. – Le Bonheur, c'est un petit mot…

Le Bonheur, c'est un petit mot
      Que je pose,
      Souhait rose,
Dans le silence qu'il nous faut.

26 août 1989

LXI. – Joyeux anniversaire…

Joyeux anniversaire, Amour
Que je reverrai quelque jour,
Car tu sais mettre de la joie
Dans mon cœur… Ce petit présent,
Je te l'offre, ma douce enfant,
Pour que ton cher regard flamboie !

26 août 1989

LXII. – Encore quelques jours...

Encore quelques jours de longue patience,
Que je vivrai, mon Dieu, dans la peine et l'ennui,
Au milieu des douleurs de ma déficience...
Et tiraillé souvent !... Ô Seigneur, dis-le-lui !

27 août 1989

LIII. – Je pense à toi...

Je pense à toi, que je sois
Ailleurs ou bien en Alsace ;
Où que je sois, me tracasse
Le manque aigu de ta voix !

27 août 1989

LXIV. – Mon âme veut dormir…

Mon âme veut dormir sans peine,
Bercée en un rêve infini,
Dans l'extase forte qu'entraîne
Ton corps balayant tout souci…

27 août 1989-1er juillet 2023

LXV. – Céleste chérie

Dans l'ombre où dort la fille, un angelot murmure :
« Laissez-la reposer... Ma protégée est pure
Autant que l'eau du lac qui baigne incessamment
Les rives du Pays dont rêve tout enfant...
Je garde l'innocence et préserve l'extase
Pour Celui qui dira la transparente Phrase,
Musicale et magique, et douce extrêmement...
Mots qui sauront produire un total changement
Sur le visage clair, gracieux, séraphique,
De la fille qui dort dans l'ombre énigmatique...
Je donnerai bonheur et constante gaieté
Au lutteur courageux qui défend la Beauté,
Perpétuellement... à ces mains téméraires
Qui, pour Elle, voudront gagner toutes les guerres
Et transformer sa vie en un songe éternel
D'amour à la fois chaste et tendrement charnel... »

31 août 1989

LXVI. – Ces rails, où le vide résonne…

Ces rails, où le vide résonne,
Ont la longue douleur en eux
D'être si loin de tes beaux yeux,
Dont le reflet toujours m'étonne…

Ô nuit ! recule donc et meurs
Pour laisser enfin de la place,
Dans ce vide et morose espace,
Aux doigts qui sécheront mes pleurs,

Aux mains qui détruiront l'empire
Morbide qu'a sur moi l'ennui ;
Ô jour ! va donc, vole et dis-lui
Que *son* absence est bien la pire !

Qu'il est bien trop triste d'avoir,
Dans mon cœur meurtri l'amertume
Et l'étouffement fait de brume,
Qui rendent chaque instant plus noir !

17 septembre 1989-1er juillet 2023

LXVII. – Je veux t'aimer en rose...

Je veux t'aimer en rose,
      Et non en gris !
        Les bons esprits
Chassent l'angoisse éclose.

Je veux t'aimer en vert,
      Et non en jaune !
        Prendre pour trône
Tes genoux où l'on perd

La douleur déchirante
      D'être éloignés...
        Nos cœurs sont nés
Pour une extase lente !
Mais c'est en violet
      Que vraiment j'aime
        De notre extrême
Amour vivre l'attrait !

17 septembre 1989

LXIII. – On n'aime jamais assez !...

Songes roses qui passez
Entre mes bras de tendresse,
Je vous désire sans cesse :
On n'aime jamais assez !

Demain sera vide et triste
Dans tes yeux d'amour où coule
Le seul Bonheur qui me soûle,
Et sans lequel je n'existe.

Déjà, je pense au retour
De semaines radieuses,
Enivrantes, merveilleuses,
Pour notre indicible amour !

17 septembre 1989

LXIX. – Petit poème

Petit poème,
Désir d'amour…
Sans nul problème,
Faisons un tour !

Je veux écrire ;
Mon cœur est fort.
Mon grand délire
Brave la mort !

Encore un rêve
Dans la chaleur…
Le temps n'achève
Pas la douleur.

Veux-tu comprendre
Ce qui toujours
Me rend si tendre
Sur mon parcours ?

C'est l'odeur fine
Qui te va bien,
Fille câline
Qui ne dis rien…

Un mal infâme
Sévit partout :
Avec ton âme,
J'efface tout !

11 octobre 1989

LXX. – De la douceur, encore, encore !

De la douceur, encore, encore !
Celle que tu me donnes croît,
Pareille aux couleurs de l'aurore,
Et fait que mon cœur n'a plus froid.

De la douceur, encor, sans cesse,
Sous tes paupières où l'espoir
Pose des reflets de tendresse
Quand nous nous aimons dans le noir...

Ô ne t'aimer que dans la mauve
Atmosphère autour de ton corps,
Pour qu'enfin brûle notre alcôve
Dans les plus lumineux décors !

11 octobre 1989

LXXI. – Au fond de ma cage de verre...

Au fond de ma cage de verre,
Luisante de modernité,
Les travaux bêtes qu'il faut faire
M'éloignent trop de ta beauté !

J'aimerais, si c'était possible,
Poser au creux de mon néant
Un rêve charmeur et tangible
Pour que resurgisse l'instant

Merveilleux de notre délire...
Ô mon amour ! te souvient-il
De la joie impossible à dire
Que nous vivions avant l'exil ?

11 octobre 1989

LXXII. – Plus que cette journée...

Plus que cette journée à peine
Avant que l'amour ne promène
Mes mains prudentes sur ton corps
Prometteur de doux réconforts...
Avant que tes beaux yeux candides
N'apportent (ô rêves splendides !)
Le plus suave des émois
Et l'allégresse de tes doigts...
Je n'ai plus froid dès que ton âme
M'accompagne, et lorsque l'infâme
Doute, générateur de fiel,
Est chassé par toi de mon ciel.
Je crois fortement, je crois même
Que, dès le moment où l'on s'aime,
Quelque chose de vraiment pur
Nous bénit du haut de l'Azur !

11 octobre 1989-1er juillet 2023

POÈMES À ELLES

À toutes Celles que j'ai aimées
et qui peut-être
dans mes humbles vers
se reconnaîtront.
Benfeld, le 20 septembre 2021, Borialiß.

LXXIII. – Ange de douceur...

Ange de douceur ! ange clair
Dont les baisers peuplent mes rêves,
Darde sur moi ton pur éclair
Pour rendre mes gaietés moins brèves.

16 janvier 1984

LXXIV. – Déclaration

Ce qu'il me faut, c'est ton sourire que jamais je n'ai vu resplendir sur ton visage aux traits nouveaux pour moi.
Ce qu'il me faut, c'est ta voix qui jamais n'a percé les murailles de mon néant.
Ce qu'il me faut, c'est ton regard dont le mien n'a jamais perçu les reflets que je suppose enchanteurs.
Ce qu'il me faut, c'est ta fragrance qui jamais n'a comblé de sa saveur le vide de mes jours moroses.
Ce qu'il me faut, c'est ta chevelure qui jamais n'a pris comme reposoir le creux de mon épaule.
Ce qu'il me faut, ce sont tes mains qui jamais n'ont apaisé l'intense brûlure de mes fièvres intérieures.
Ce qu'il me faut, ce sont tes seins, fruits d'amour tant convoités qui n'ont jamais habité l'affectueuse prison de la paume de mes mains.
Ce qu'il me faut, c'est la chaleur de ton corps qui jamais n'a réchauffé la fadeur de ma couche monastique.
Ce qu'il me faut, c'est ta suprême intimité et ta pudeur allègrement chassée pour les impératifs besoins de notre Bonheur à deux !

14 août 1988-27 juin 2023

LXXV. – Amante pleine de délire

Pour le meilleur et pour le pire,
Amante pleine de délire,
Je veux renaître dans tes bras
Au pinacle de nos ébats !

5 novembre 1989-1er juillet 2023

LXXVI. – Pour ce regard…

Pour ce regard, pour ces yeux sombres,
Clartés d'amour dans les pénombres,
Pour ces lueurs, je donnerais
Tout l'or du monde et ses attraits !
Tes yeux seraient, sur une toile,
La perle parfaite ou l'étoile
Qui remplit d'aise tous les cœurs
Et pose en nous mille bonheurs !
Et parce qu'ils sont ce qu'ils semblent,
Et car ils charment quand ils tremblent,
Et car l'extase est au fond d'eux,
Quand je les vois, je suis heureux !

11 octobre 1989

LXXXVII. – Fille aux yeux d'azur…

Si Dieu le veut, fille aux yeux d'azur, nous poserons dans le silence, quand nous nous rencontrerons, l'innocence de nos regards désireux de mutuelle confiance.

Si Dieu le veut, nous marcherons côte à côte vers les joies menues qu'apporte le quotidien courageusement vécu de nos vies enlacées.

Si Dieu le veut, nous relaterons l'un à l'autre les allégresses et les désespérances de nos existences meurtries ou satisfaites.

Et si tu le veux, fille aux yeux d'azur, si tu le veux, ta main, ta douce main prendra la mienne, en vue du Bonheur tout simplement.

5 juillet 1992-18 juillet 2023

LXXXVIII. – Les yeux d'espoir

Jeune fille aux yeux d'azur, jeune fille aux yeux d'espoir, si tu savais, ah ! si tu savais quelles vilaines épines ont jadis, ont naguère, tout comme si c'était hier, blessé mon âme brutalement.
Jeune fille aux yeux d'azur, jeune fille au cœur de joie, si tu pouvais, ah ! si tu pouvais, ici et maintenant, ici et sans retard, comprendre les images lumineuses, saisir les visions fabuleuses que j'emporte partout au tréfonds de moi.
Jeune fille aux yeux d'azur, jeune fille aux rêves de femme, si tu voulais, ah ! si tu voulais, demain et pour longtemps, demain et pour toujours, répandre le baume consolateur de ton amour joyeusement prodigue sur mes plaies point encore refermées, et de ta main magique effacer tous ces rêves déçus, ces songes brisés, et toutes ces peines si tenaces qui ne veulent pas, ne veulent pas encore partir...

10 juillet 1992-18 juillet 2023

LXXXIX. – Si tu souhaitais…

Si tu souhaitais, Corinne,
M'ouvrir simplement tes bras,
Ne dis rien, ne le dis pas ;
Mais fais-le, fille divine !

Novembre 1994-4 juillet 2023

XC. – Le monde est vide...

Le rail va vite, le rail va loin... Le monde autour, autour de moi, s'écroule, s'effondre quand je te vois.
C'est bien pour toi, pour toi que je peine, que je lutte, que je souffre, que mes nuits, que mes jours, que mon âme entière crient des détresses sans fin. C'est bien pour toi !
Des mots, des pleurs, des cris peuplent les rêves où tu n'es pas... Les songes où j'aimerais que tu t'avances, majestueuse, simple et douce... Les rêves avec ton corps tout près de moi...
Des cris, des pleurs, des sanglots infinis dans les songes noirs où tu n'es pas... La joie, ah ! la joie, c'est d'être et de demeurer avec toi...
Le rail, le rail va vite, trop vite... Le monde éclate, éclate autour de moi...
Enfin, enfin, viens vite, viens là ! Sois mienne, oh ! sois mienne ; je me languis, languis de toi...
Le monde est vide, est vide, vide... Le monde n'est rien sans toi... Sois mienne, sois mienne enfin, Corinne !

20 novembre 1994-18 juillet 2023

XCI. – L'Enchanteresse...

Elle souffre, l'Enchanteresse,
Et son regard me fait vibrer.
La douleur de son être entier
Martèle son âme sans cesse.

S'il le faut, j'attendrai longtemps
Que s'apaise, puis que s'endorme
Le désarroi dont l'ombre énorme
Fait du tort à nos sentiments.

Mon cœur souffrant n'aura de cesse
Qu'elle ne me donne sa main,
Quand le temps sera mûr, demain,
Que ne m'aime l'Enchanteresse !...

3 décembre 1994-4 juillet 2023

XCII. – Arrachés à mon âme...

Moi, je n'ai rien que mes mots, mes mots arrachés à mon âme, et qui s'en vont danser, valser vers les tourbillons de l'éternité...
Je n'ai rien que mes mots de poëte pour tenter d'apaiser ta trop longue souffrance...
Je n'ai rien que mes mots pour exorciser sans peur le démon de ton mal insistant... Que mes mots, mes mots pour attendre la lueur rédemptrice au bout de ton calvaire indicible... Que mes mots d'espoir et de tendresse infinie pour affronter sans crainte aucune l'esprit malfaisant qui t'emprisonne... Que mes mots d'espérance pour tenter d'effacer peu à peu ta paralysie perpétuelle... Que mes mots pour attendre que tu dises... au bout de ta longue route ténébreuse, que tu me dises enfin pour moi le mot le plus beau du monde : « Viens... »

9 décembre 1994-18 juillet 2023

XCIII. – Et souviens-toi que je t'attends...

Quand tu m'auras fait souffrir jusqu'au bout, jusqu'au bout de ma peine ; quand tu m'auras fait pleurer jusqu'au bout, jusqu'au bout de mes sanglots ; quand le monde aura perdu, du fait de *ton* absence, sa beauté, sa beauté suprême ; quand je n'aurai plus la force de sourire, sourire à tes comédies taquines ; quand je n'aurai plus le courage de te dire, de te dire : « C'est fou, ce que je t'aime ! » ; quand tu m'auras fait tomber jusqu'au fond, jusqu'au fond de ma détresse, c'est alors qu'il te faudra, qu'il te faudra... venir !

14 décembre 1994-7 juillet 2023

XCIV. – Comblé de bonheur ?...

Comblé de bonheur ? Accablé de douleur ? Ivre de liesse ? Ravagé par le désarroi ? Ne me laisse plus dans le maladif inconfort de ton absence, et viens enfin à moi, mon Enchanteresse !

18 décembre 1994-18 juillet 2023

XCV. – Avec ma tendresse...

Ne me laisse pas, ne me laisse pas sur le bord de la route. Ne me pousse pas, ne me pousse pas dans le vide empli de désarroi. Ne me précipite pas dans les perfides bras de Celle qui, par son étreinte amère, anéantit lentement les âmes.
Ne m'interdis pas, ne m'interdis pas de passer le seuil de ta porte. Ne me refuse pas, ne me refuse pas l'aumône de ton cœur. Ne me refuse pas, ne me refuse pas le baume de ta joie. Laisse-moi, laisse-moi donc enfin entrer dans ta vie.
Et... avec ma tendresse en abondance, avec ma force qu'il te faut, avec des rêves plein les yeux, je viendrai au-devant de toi !

24 décembre 1994-18 juillet 2023

XCVI. – Ô l'immense malentendu !...

Ô l'immense malentendu !
Tu n'as pas compris mon poème.
Tu me dédaignes depuis lors...
Pourtant sache bien que je t'aime.

14 juin 1997

XCVII. – Laurence

Elle est tellement loin de moi, celle que j'aimerais entendre endormir toutes mes douleurs de sa voix magnétique et tendre...
Laurence marche dans mes nuits... Mais je n'ose, je n'ose pas encore me perdre dans ses yeux affamés par un feu d'amour pérenne.
Tellement loin de moi, car je n'ose pas encore — depuis que, naguère, l'abîme engloutit mon cœur tant blessé — lui dire ma tendresse intime.

19 juin 1997-18 juillet 2023

XCVIII. – Maître de ton amour

Le marteau du mal frappe encore, ce mal qui m'interdit d'être de ton amour le maître. Et je souffre de t'aimer si fort !

Nuit du 23 au 24 octobre 2002-11 août 2023

XCIX. – Mort de peine

À la fin de cette sainte année, tu laisseras périr mon cœur par ton départ. Je serai venu trop tard... une fois de plus. Mon tort aura été de t'avoir bien trop désirée.
Et de ma peine, de ma peine je mourrai alors que toi, l'insouciante, loin de ton Poëte, tu te prélasseras, heureuse et pleinement satisfaite, dans les bras chanceux de celui que je n'ose nommer.

Nuit du 23 au 24 octobre 2002-18 juillet 2023

C. – Pour ma douce amie moscovite

Écrit durant le séjour au Royaume-Uni
d'Anna Dmitrievna Plisetskaya.

Tant que ta voix suave n'aura pas brisé, telles jadis les trompettes de Jéricho, les murailles de mon monde investi par le silence ; tant que je ne me serai pas envolé, sur des ailes d'acier, pour venir à ta rencontre ;
tant que mes pieds n'auront pas foulé le sol béni, sacré du pays de mes rêves : la Sainte Russie ; tant que mes lèvres n'auront pas baisé les délicates mains de ma très-chère Moscovite ; tant que nous n'aurons pas tous deux flâné, ta main dans la mienne, sur les bords de la Moskova ; tant que tes doigts confiants n'auront pas montré à mon regard assoiffé de découvertes chaque chose et tous les lieux que ton cœur affectionne ; tant que tu n'auras pas chassé, par la bénéfique lumière de ta féminité, tous les doutes et chaque pénombre qui me retiennent encore dans la prison de ma solitude ; tant que tu ne m'auras pas accompagné, pleine d'espoir et débordante de joie, jusqu'au romantique pays de Baudelaire, qui n'attend, peut-être pour ton bonheur, plus que toi, plus que toi...
Mon monde sera si morose et le demeurera... sans toi, sans toi tout près de moi, Anya.

18 juillet 2004-20 juillet 2023

CI. – Proposition décente

Je veux apprendre tout vocable
De ton langage musical.
Dis ! te serait-il agréable
D'être un professeur amical ?

4 août 2004-20 juillet 2023

CII. – Ma Russe et ma Madone

Alors, enfin, lorsque son regard émouvant dardera dans mon âme sa suprême beauté, ma Russe et ma Madone, douce et chère enfant, m'accompagnera sur ma route sans cesse... La seule à qui je pourrai vraiment dire : « Je t'aime. »

Minsk, Biélorussie, 25 août 2005-20 juillet 2023

CIII. – Linda

Ô Seigneur ! C'est en fait Elle, Elle que j'aime,
Mais son cœur pur est pris, oui, malheureusement !
Et le mien, amoureux d'Elle si tendrement,
De sa belle âme a soif, de son âme suprême.

Nuit du 6 au 7 août 2006-20 juillet 2023

CIV. – Rondel

Tu ne me verras plus ;
Je m'en irai dès l'aube
À l'autre bout du globe,
Les jours suivants inclus.

Du fait de ton refus,
Mon âme se dérobe.
Tu ne me verras plus ;
Je m'en irai dès l'aube.

Amante au cœur obtus !
Ce que cache ta robe
M'a rendu bien moins probe !
Je pars et je conclus ;
Tu ne me verras plus.

27 mai 2021

CV. – Abrège nos adieux...

Abrège tes adieux puisqu'à présent tu pars.
Ton suave parfum demain ne sera guère
Plus qu'une souvenance... ainsi que tes regards
Des feux qui s'éteindront, fuyant dans l'éphémère.

1er octobre 2021

CVI. – Antan

Il fait froid ce soir sur la grève.
Le vent s'est levé sur la mer
Et je marche loin de mon rêve.
Il fait froid dans mon cœur amer.

Souviens-toi d'antan, belle Amie !
J'avais pris tes mains dans mes mains
Et toute crainte était partie.
L'espoir ornait nos lendemains.

Folle, tu courais sur les dunes,
Folle d'amour et de gaieté.
Virevoltaient tes mèches brunes
Dans la chaleur du fier été.

18-24 février 2023

CVII. – La dame gracieuse

Elle habite mes nuits, la Dame gracieuse…
Noirs et beaux sont ses yeux, ses lèvres ont le goût
D'un paradis laissé naguère à l'autre bout
De ma vie… Et puis d'elle adviendra la pieuse

Fragrance de ses doigts effleurant mon front chaud.
Elle mettra ses mains sur mon âme éprouvée.
Et ma vieille douleur sera dès lors lavée
Au contact de son corps féminin qu'il me faut.

J'ai trop longtemps connu les brumeuses aurores
De mon lit solitaire aux relents inodores :
Un lieu que n'emplit pas l'apaisante chaleur

De l'Ange que j'attends depuis plusieurs années ;
L'Ange qui manque encore à mon complet bonheur.
Demain, nous fêterons nos âmes enlacées !

21 mars (Lycée S*** de B***, salle 108)-1er juillet 2023

CVIII. – Fille d'Or

Elle a ce port de reine
Que les autres n'ont pas.
Fille d'Or, souveraine,
Procède pas à pas

Vers mon lit de silence
Où mes rêves se font,
Éblouis de brillance
Et de bonheur profond.

Elle fait mes nuits belles ;
Elle a les grands pouvoirs
Des vives étincelles,
La Dame de mes soirs !

Ses fines mains détruisent
Et chassent mon effroi ;
Ses douces mains m'épuisent…
Près d'elle, je suis roi !

24 mars 2023

CIX. – Du tréfonds des étoiles

Je suis l'être tombé du tréfonds des étoiles.
Je progresse sur Terre, aux hommes apportant
Les espoirs de l'aurore et des songes d'enfant.
Et des yeux de l'Élu, je déchire les voiles.

Mon Maître est bien plus grand que tous les univers.
Le Poëte est empli de Sa Magnificence.
Et j'arrive ici-bas, prodiguant l'espérance
Qui fera scintiller tous ses chants purs et clairs.

Et leurs mots émouvront sa gracieuse Amie,
Allongée à rêver sur son blanc drap de lin,
Elle dont le désir n'aura pas été vain

D'attendre chaque jour la venue en sa vie
Des poèmes courtois qu'il lui récitera.
Je suis l'Ange gardien qui l'accompagnera.

28-29 mars 2023

CX. – Jardin secret

Fille d'Or, je viendrai, par une nuit de rêve et d'éblouissement, te rendre visite dans le jardin secret où tu gardes bien protégés tes mystères sans nombre.
Je suis le maître des mots et des sortilèges, le gardien des verbales beautés, le virtuose de la tendresse point encore prodiguée.
Et si tu m'acceptes, lorsque, tombé dans ton jardin multicolore, j'aurai replié mes ailes, le monde pour toi ne sera plus jamais le même.
Je suis celui qui devine tes désirs inavoués, je suis celui qui les comblera, je suis celui qui ne s'en ira pas loin de toi.

30 mars 2023

CXI. – Les mots consolateurs

La Fille d'Or a de la peine,
La Fille d'Or a de l'émoi.
Fille qui pleure est loin de moi,
Mais je sens sa détresse humaine.

Et tous mes mots consolateurs
Sont vains. Seul l'Ange qui déploie
Ses ailes apporte la joie,
Repeignant son monde en couleurs.

4 avril 2023

CXII. – Charmé par ta douceur…

Pour la Fille d'Or.

Charmé par ta douceur délicate à souhait,
Je lis tes mots qui sont pour mon âme un bienfait.

7 avril 2023-1er juillet 2023

CXIII. – Des perles et des roses…

Pour la Fille d'Or.

Des perles et des roses,
Des joyaux et des fleurs
Ajoutent des couleurs
Aux féminines poses.

10 avril 2023 (jour de mon anniversaire)

CXIV. – Prière d'amour

Seigneur omniscient, daigneras-Tu me dire
Quand Elle voudra bien sans peur me dévoiler,
La fière Fille d'Or, Fille d'Or et de Lyre,
Ses yeux profonds et beaux, et son cœur me donner ?

Pourras-Tu l'apaiser, sa belle âme qui pleure
D'avoir été trahie en ce monde brutal,
Où règnent faux semblants, et le doute et le leurre ?
Ô Dieu consolateur, sois pour Elle un fanal !

Toi qui restes de nous le véritable Père,
Indique-lui la voie à suivre pour trouver
La paix, la confiance en mon âme sincère.

Dis-lui ma grande peur de mourir quelque jour
Sans avoir pu la voir, sans pouvoir lui prouver,
Par ma main dans sa main, mon indicible amour.

19 avril 2023-1er juillet 2023

CXV. – La vallée sans lys

Pour la Fille d'Or.

Moi, je vis dans un val de larmes
Où nulle fleur de lys fleurit,
Où nulle Henriette ne rit
Ni ne me prodigue ses charmes.

20 avril-22 juin 2023

LES HERMÉTIQUES

CXVI. – Genèse

Entité pure, née (ô merveille !) du vide,
Se lovant sous les plis tourmentés de ton front...
Ses accents rituels, à grands flots, répandront
Parmi ta conscience une langueur avide.

6 avril 1984-4 août 2023

CXVII. – Alchimie

Alchimie immortelle née
    — Ô lune de mes sens ! —
En la quatre fois grande Année,
    Sous un flot noir d'encens…

Magique main tenant le glaive,
    Lequel divisera
Le voile subtil du beau rêve
    Où l'amour régnera…

Je te somme fort d'apparaître,
    Et viens ensorceler
Les yeux vert-de-gris de ton maître,
    Qui veulent jubiler !

18 juin 1989-4 août 2023

CXVIII. – Que les torrents jaillissent !...

Que les torrents jaillissent donc et giclent, que le temps passe donc et coule, que les ombres diverses courent et filent sur les murs de la mobilité !...

18 juin 1989

CXIX. – Méandres

Hors de moi tout à fait, l'ombre de la nuit saignée s'élève, magiquement vertueuse.
Je n'ai plus peur aucunement, majestueusement ému par les choses que crée avec avidité mon rêve fasciné.
Coule et fuse, bouge donc, création bercée par l'émotivité, jusque vers l'extase jeune !
Immuablement, je perds toute froide raison ; je perds toute sensible idée, tandis que s'affadit mon âme.
Écriture, viens trucider la ferveur immobilement douloureuse de mon âge immatériel.
Morbidement joyeuse, cette rêverie n'a plus de crainte vraiment ; c'est un autre monde qui s'érige, phénix inaltérable, mauve continuité qui somnole dans le tréfonds le plus infini de ma véridique essence.
Recréer l'univers total sous les palpitations fragiles d'une nocturne fantaisie issues. Je me fane et je me perds... Plus rien n'est vrai ni faussé ; je me fane en oubliant insensiblement ce que je fus peut-être dans une quelconque vie antérieure.
Je me fane en courant sur les vagues solides de la plus aberrante des folies. Je me fane en quittant avec ordre et méthode le naguère réconfortant palais de l'alchimie immortelle.
Les combinaisons les plus inhabituelles furent les uniques, les plus dévouées de mes compagnes.
Jamais vraiment, non, jamais sous la céleste voûte, emprise ne se façonna plus extatiquement.
Je monte... je descends... je tombe sur l'inquiétude froide et sobre du créateur qui remue entre les murs de cristal au fond de moi...

Qu'importe ? Qu'importe que tout se brise, les empires comme les églises ? Cela importe-t-il vraiment ?

La félicité paradoxale reprend du lumineux terrain ; ne croyez point qu'elle, cette magicienne, se faire laissera !

Déclaration de cruauté, tremblotante infiniment, et puis émue de surcroît, proportionnellement à ma défaillance...

Les demoiselles Lutte et Persévérance sont des cousines très liées.

Un songe immense, intense véritablement, nous perd sans cesse en voulant nous faire aller dormir entre les visqueux, mais ô combien toniques tentacules du temps qu'affichent toutes horloges, du temps qui nous précède, nous accompagne, nous poursuit... Sans oublier pareillement que, tout comme il avance, dans une proportion identique, ce bout d'éternité recule.

30 juin 1989

LES SORTILÈGES

Pour Jean-Marie Waldvogel,
qui m'avait mené sur les chemins
de l'inquiétante étrangeté.
Benfeld, le 22 juin 2023, Borialiß.

CXX. – **Le sommeil de la créature**

Nécropole immense où dort,
Au fond d'une crypte sombre,
Frère du Mal et de l'ombre,
Le fils élu de la Mort !

29 juin 1986-5 août 2023

CXXI. – L'oiseau de minuit

On l'appelle l'heure du crime ;
C'est l'heure où les engoulevents,
Perchés sur une haute cime,
Nous livrent leurs chants éprouvants.

6 février 1987-5 août 2023

CXXII. – La légion infernale

Tout dort. La ville est tout silence
Et calme encor pour quelque temps,
Avant que n'advienne et commence
Le règne noir des morts-vivants !

Clair de lune. Une trappe s'ouvre…
D'étranges bruits ont résonné.
Le caveau sous le chêne rouvre
Vient juste d'être déserté.

Des cadavres abominables
Aux rictus qui vous font frémir,
En des carnages effroyables,
Cette nuit viendront s'ébaudir !

Jusqu'à la cité somnolente,
Les monstres rampent sans répit,
Et, sous peu, la pire épouvante
Naîtra de leur troupeau maudit !

Les pauvres hommes, tels des chiffes,
En quelque innommable festin,
Choiront sous les crocs et les griffes
Des morts à l'écœurante faim !

Alors, gavés de chair humaine,
Au cimetière ils reviendront
Pour attendre la nuit prochaine,
Où leurs ripailles reprendront.

23 novembre 1987-22 juillet 2023

CXXIII. – Olw-Gdavel

C'était une demeure tellement ancienne qu'elle m'inspirait des rêves extravagants. Je voyais, dans mes songes, se mouvoir des formes qui n'étaient point faites pour les yeux des mortels : des ombres imprécises, et pourtant trop vives par instants… des ombres compactes qui rampaient, comme produites par des clartés jamais vues dans notre monde. Car j'avais cru qu'à part moi nul n'habitait ce lieu.
Et puis, mes jours devinrent des cauchemars vécus : les visions d'horreur de mes nuits pleines de prières interdites me harcelaient sans cesse dans un maelström d'effroi !
Et vint la nuit qui fut plus noire que les autres, durant laquelle une lumière m'attira dans le bois touffu qui cernait la demeure. Autour de moi, le vent hurlait tel un damné quand la lueur me conduisit vers une tombe dont je préférerais n'avoir point déchiffré l'épitaphe malsaine couverte de mousse vénéneuse… ni n'avoir jamais aperçu le bas-relief avec la Chose préhumaine.
Et lorsque je lus le Nom Maudit, oublié par tous, hormis par les élus du Sombre Culte, je sus qu'Olw-Gdavel-le-Grand reviendrait bientôt !

10 mars 1990-22 juillet 2023

CXXIV. – Le règne impie

Gorkatroll et Knellednok, puissants nécromants de leur état (venus de l'inquiétante île de Ptéonn, dont les Grands Sages ne relataient rien de bon), furent chassés de Tyrnakoranne, ville où leur art démoniaque avait reçu un fort mauvais accueil.

Alors, tous deux s'en furent vers la cité d'Ophar, par-delà l'océan de Ktaell, pour y fonder un royaume impie en ressuscitant tous les rois d'Ophar, dormant d'un sommeil séculaire dans leurs tombes froides. C'est ainsi que les monarques momifiés et leurs femmes blêmes devinrent leurs esclaves et serviteurs dociles.

Mais ce règne noir ne se prolongea pas au-delà de trois lunes, car Ac'elinn, le vénérable fondateur de la lignée, autrefois expert en magie, invoqua, pour briser le joug des deux tyrans, l'horrifiant Yaff-Ogg-Naï, dieu venu d'un âge immémorial.

Et ce dernier exauça le souhait d'Ac'elinn : il déchira les membres des nécromants, mais ne les tua point ! Ainsi furent-ils condamnés à des souffrances indicibles, car leurs restes toujours sanglants se *recollaient* et puis se *disjoignaient* sans cesse !

16 avril 1990-22 juillet 2023

CXXV. – Naguère et maintenant

J'avais manqué d'étouffer dans la boîte oblongue où quelque inadvertance humaine m'avait enfermé. Les plus affolantes réflexions me firent souffrir mille enfers avant qu'un ultime effort, désespéré, ne fît glisser le lourd couvercle de mon cercueil de marbre.
Je me retrouvai dans un vaste caveau rempli de plusieurs bières pareilles à la mienne. L'astre au front d'argent brillait alors que mes jambes encore roides me conduisirent péniblement en dehors du champ de repos.
D'étranges métamorphoses s'étaient produites en moi : j'entendais bien mieux et mes yeux voyaient dans les endroits les plus sombres.
Et la faim, cette nouvelle et pressante faim, me poussa dans une demeure bien précise. Mon instinct me mena dans la salle de bains, où, se croyant seule, une jeune femme s'affairait torse nu devant son miroir.
Ce ne fut pas la glace qui lui révéla ma présence, mais mon odeur si singulière…
Elle se retourna, pétrifiée d'épouvante, et s'écria d'une voix hystérique : « André ! Toi ? *Mais tu es mort* ! Ce n'est pas possible ! »
Ma faim étant vraiment trop forte, mes dents mordirent aussitôt le tendre cou de la jeune femme que naguère j'avais tant aimée : Alissa…

11 juin 1990-22 juillet 2023

CXXVI. – La tour maudite

C'est une forêt de funeste renommée, au fin fond de laquelle s'élève une tour si haute qu'elle semble toucher les étoiles, si haute qu'on l'aperçoit déjà de fort loin, surplombant majestueusement des arbres d'une taille majestueuse. Ces derniers, noirs, immobiles, d'aspect repoussant, plusieurs fois centenaires, privés de feuillage, paraissent pétrifiés pour l'éternité... Nul oiseau ne chante, nul animal ne crie dans ce malsain et cauchemardesque décor.
Elle est noire comme l'ébène, cette immense tour, et du lierre gris violacé, visqueux et malodorant l'enlace jusqu'à son faîte invisible.
Un silence total, angoissant, pèse sur ce lieu que les gens de la contrée craignent comme la peste depuis qu'un des leurs fut retrouvé, tué de façon atroce par quelqu'un ou *quelque chose*, cruel gardien du sinistre édifice...
Au cours des nuits d'orage, l'habitant sylvestre pousse des hurlements qui ressemblent étrangement à des paroles aux rauques et non humaines sonorités.
On serait alors tenté de croire qu'il lance des appels à destination du *Dehors*.

2 juillet 1990-22 juillet 2023

CXXVII. – Femme fatale

Une nuit durant laquelle le désir brûlait mes entrailles avec plus de vivacité que de coutume, une jeune femme se présenta chez moi, pulpeuse et bellissime.
Quand elle s'avança vers moi, ses seins remuèrent de si troublante et voluptueuse façon que dans le tréfonds de mon être elle alluma un feu douloureux, ravageur, inextinguible...
Sans fausse pudeur, elle se dévêtit devant mes yeux émus de voir ses seins ronds et pleins pendre à son torse, tels des fruits mûrs généreusement offerts. La moindre portion de ses chairs magnifiques embrasait tous mes sens et bouleversait mon âme.
Aussitôt, elle fut dans mes bras ; les plaisirs les plus fous me furent octroyés cette nuit-là ! Des caresses, de longs soupirs, des cris suaves se succédèrent jusqu'à l'aurore morose, où mes mains se refermèrent hélas ! sur le néant.
Depuis cette nuit, douce et funeste à la fois, j'attends, inconsolable, le retour de celle qui... j'attends, plein d'angoisse, le retour de celle qui (je m'en souviens à présent, mais bien trop tard !) m'avait fait savoir que son nom était *Lamia*.

8 mars 1991-22 juillet 2023

CXXVIII. – Le sorcier

Tout là-bas, au fin fond d'une forêt touffue, dans une cabane sombre qui se confond avec les majestueux arbres qui l'entourent, un homme à la longue chevelure est assis. Des cheveux trop blancs pour son âge encore jeune, des yeux aux intenses reflets mystérieux, plongés dans les pages jaunâtres d'un grimoire...
Il médite, tandis que ses trop longues mains, qui font penser aux serres d'un oiseau de proie, manipulent avec l'adresse d'un expert d'étincelantes éprouvettes et cornues, où bouillonnent maints mélanges glauques et puissants...
Depuis des heures, depuis des jours et des lustres (avec la complicité de son famulus, un être menu, moitié singe, moitié homme, accroupi sur la vaste table de travail), le sorcier a lu tant de pages et de pages de textes antiques aux contenus maudits, des mots aux significations périlleuses pour les âmes simples du commun des mortels.
Il a lu tellement de pages et de livres et testé un si grand nombre d'ingrédients qu'il se sent fin prêt pour la Grande Expérience, laquelle devra s'accomplir cette nuit.

26 octobre 1993-22 juillet 2023

LE POËTE ET SON ART

CXXIX. – Art et douleur

Je compose et j'écris
Mes chagrins et mes cris,
Pareils aux pleurs qu'on trouve
Versés amèrement
Par l'impossible amant
Que la douleur éprouve.

Mars 1983

CXXX. – L'œuvre n'est pas finie…

L'œuvre n'est pas finie : elle commence à peine
Quand l'univers s'endort entre des draps soyeux ;
Lorsque rêve et jouit la pauvre race humaine,
Au rythme du désir, à la lueur des feux…

Mai 1983-16 juillet 2023

CXXXI. – La naissance de l'immortalité

Les amantes s'en vont comme roulent les flots,
Et les vers éternels, nés sur la page vide,
Apaisent le chagrin et les mornes sanglots
Du malheureux artiste à la tendresse avide.

27 septembre 1983-16 juillet 2023

CXXXII. – Faire pleurer l'Azur…

Faire pleurer l'Azur en larmes sibyllines,
Telle est l'ambition de son subtil cerveau,
Qui, plongeant dans l'abîme aux teintes purpurines,
Veut en tirer le charme ensorcelant du Beau.

6 avril 1984

CXXXIII. – Inspiration

Hélas ! j'ai trop longtemps fait taire
La voix forte de mon démon,
Qui me dévoilait le mystère
De tant de merveilles sans nom.

N'était ce dieu qui nous implore
De toujours produire à son gré
Des rêves, des rêves encore,
Tout serait pure vanité !

13 janvier 1989

CXXXIV. – Vocation

Mon art, c'est le Poème et sa noble cadence,
La suave musique et la rime qui danse ;
Le plaisir qui paraît au hasard de mes mots
Et doucement expire en de subtils échos...

8 février 1989

CXXXV. – Illumination

Vite ! un stylo ! du papier ! car le rêve
    N'attendra certes pas ;
Il faut l'écrire avant qu'il ne s'achève
    Sous l'ombre de mes pas.

22 juin 1989

CXXXVI. – Calligraphie

Ô plume d'or ! va donc et cours
Sur ces très lumineuses pages ;
Pose dans mes silences lourds
Mes souhaits d'amour les plus sages.

22 juin 1989

CXXXVII. – Je suis un grand enfant...

Je suis un grand enfant qui rêve
D'un paradis perdu jadis,
Un poëte appelé Boris,
Tels ceux qui se battent sans trêve !

22 juin 1989

CXXXVIII. – L'artiste pleure...

L'artiste pleure, ému de voir sur cette image
Les traits délicieux d'un candide visage ;
Qu'il est beau ! Qu'il est pur ! Ô contemple ces yeux,
Car ils peuvent bien plus que te rendre joyeux !

23 juin 1989

CXXXIX. – Pourquoi j'écris

Si j'écris, c'est pour moi-même
Et pour l'Ange pur que j'aime ;
J'écris pour laver mon cœur
De sa peine et sa douleur.

Si j'écris, c'est pour produire
Des musiques faisant luire,
Chaque nuit et chaque jour,
Ses yeux débordants d'amour !

9 juillet 1989

CXL. – Avènement

Et demain, vous verrez, oui, demain, je vous l'affirme haut et fort : les Poëtes seront vos maîtres à tous !

28 juin 2003-17 août 2023

CXLI. – Artiste

Il avait le regard triste
Ainsi que des doigts d'artiste.
      C'en était un,
      C'en était un !

Il peignait avec ses mots
Les plus lumineux tableaux
      Et des images
      Dans les nuages !

Et ses yeux emplis de larmes
Se détournaient des vacarmes
      Car il vibrait,
      Car il *offrait* !

J'ai rarement rencontré
Un être plus pénétré
      Par l'importance
      De la souffrance.

17 février 2021-11 août 2023

CXLII. – Le passage du flambeau

Il déclamait des vers en regardant ses disciples* droit dans les yeux.
Et, qui sait, peut-être qu'un peu de cette verbale beauté demeurerait dans les yeux émerveillés de certains d'entre eux ?

18 février 2021-22 juillet 2023

*disciple au sens non religieux : du latin discipulus : élève

CXLIII. – Les plus désespérés...

Faut-il, afin d'écrire avec beauté,
Avoir vécu des choses très cruelles
Et puis payer le prix d'être habité
Par des douleurs hélas ! perpétuelles ?

19 mai 2021-22 juillet 2023

CXLIV. – Le maître des mots

Pleure en moi la musique
Que je fais résonner
Tel un divin cantique
Que daigne me donner
Le créateur unique.

M'obéissent les mots
Car je devins leur maître !
Rires ou bien sanglots
Naissent en moi pour être
Les plus purs, les plus beaux !

31 mai 2021-22 juillet 2023

CXLV. – Le réenchantement

Tant de beauté demeure au tréfonds de mon âme
      Qui ne demande qu'à venir
      Réenchanter et resplendir
Dans ce monde brutal où résonne l'infâme
      Rengaine des marchands de faux
      Espoirs et de toxiques mots.
Et le Beau se déploie au tréfonds de mon cœur :
Des perles que je t'offre, ô bienveillant lecteur !

19 juin 2021-22 juillet 2023

CXLVI. – **Art poétique**

Tous mes pleurs ont cessé dès lors que notre monde,
Abreuvé du grand Art sempiternel des mots,
Vint inonder mon âme et m'offrit la féconde
Abondance de chants qui ne sonnent pas faux.

10-17 septembre 2021

CXLVII. – Poëte immortel

Et la mort qui plus tard viendra
Ne pourra faire que je tremble.
J'ai fait des chants qu'on chantera
Quand nous ne serons plus ensemble.

26 septembre 2021

CXLVIII. – Récital

Je n'ai pas terminé d'écrire
Et d'offrir au monde brutal
Un ensorcelant récital
De ces mots qui font mon délire.

13 octobre 2021-23 juillet 2023

CL. – Poëte ! si les mots...

Poëte ! si les mots ne chantent pas en toi,
     Ne les transcris point sur la blanche feuille.
L' Art suprême est d'écrire, aussi digne qu'un roi,
     Toute émotion que l'âme recueille.

2 novembre 2021-23 juillet 2023

CLI. – Tout passe…

Tout passe,
Tout lasse.
Les tyrans tomberont,
Des merveilles viendront !
Ma plume fait la vie exquise ;
Elle veut que *j'immortalise*.

30 juin 2022-23 juillet 2023

CLII. – Le breuvage amer

On m'a taxé de péremptoire
Ou bien de ma personne imbu.
Le breuvage amer, je l'ai bu,
De votre grief dérisoire.

C'est fait : je passe mon chemin
Vu que vos mesquines querelles
M'éloignent des chansons si belles
Que je composerai demain.

Je rejoins les Poëtes vrais
Dont les chants sont riches d'attraits,
Car les vôtres me lassent vite ;
Donneurs de leçons, je vous quitte !

4 mars 2023

CLIII. – Rai boréal

Il faut rester de l'Idéal
Le fier défenseur et le chantre
Et laisser resplendir au centre
De ta vie un rai boréal.

6 mars 2023

CLIV. – Le sculpteur poétique

Prends naissance, ô sonnet ! C'est pour toi le moment
De venir consoler par l'altière musique
Mon âme qui s'adonne à ton chant bénéfique.
C'est à Dieu que tu dois le doux balbutiement

De chacun de tes mots. Et moi, je suis l'amant,
Le fier ensorceleur, le sculpteur poétique
De ton architecture ô combien magnifique !
Je te façonne et crée avec ravissement.

Quand tes quatrains seront debout, me faisant face,
Je ferai resplendir tes tercets dans l'espace
Créatif de la chambre où je t'écris tout seul.

Tu véhiculeras dans tes strophes sonores,
Lorsque je dormirai, recouvert d'un linceul,
Mon message dernier, mes vers multicolores !

18-19 mars 2023

LES HOMMAGES

CLV. – Frédéric Chopin

Chopin : maître parfait du clavier romantique ;
D'une divine main, son art fut ciselé.
Le chant du piano, si finement perlé,
Nous plonge sans retard dans un rêve mystique.

Majestueux scherzo plein de grâce artistique ;
En l'écoutant, j'ai pu voir le flot déferlé
Abreuver un pays verdoyant, désolé,
Légendaire habitat d'une peuplade antique.

Poème interprété sur le mode majeur ;
Il évoque une femme au charme ravageur,
Que l'on voudrait chérir d'un amour véritable.

Virtuose immortel, par tous les dieux béni !
Personne n'oubliera ton œuvre inimitable,
Car elle mène l'âme au bonheur infini.

27 janvier 1989-23 juillet 2023

CLVI. – Compassion

> En hommage à Jean-Louis Bier,
> mon voisin de chambre
> à la clinique Sainte Barbe de Strasbourg,
> Service A2, chambre 205.

Ô vieil homme ! si tu savais
Combien auprès de toi je souffre,
Te voyant glisser vers le Gouffre
Où tu dormiras à jamais.

18 septembre 2004-23 juillet 2023

CLVII. – Serge

> En signe de deuil
> envers un jeune surveillant du
> Collège La Fontaine de Geispolsheim,
> dont le décès prématuré bouleversa
> l'ensemble de l'équipe éducative.

L'un des nôtres s'en est allé
Vivre en la cohorte des anges.
Divins habitants des étranges
Régions de l'Éternité.

24 mai 2019-24 juillet 2023

CLVIII. – Amitié

Pour Alain Nicola.

Tes mots de réconfort, mon ami véritable,
Prouvent que nous unit un lien inusable.

17 mai 2021-24 juillet 2023

CLIX. – Pour Madame F*****

Madame, depuis le début, avec vos sourires et votre bienveillance, vous m'avez accompagné, me montrant le chemin et m'éloignant du pire grâce à votre solaire sérénité. Votre écoute, votre courage et votre persévérance sont des bienfaits pour les gens que vous côtoyez, vous répandez avec entrain l'espoir, ô capitaine qui nous menez à bon port !
Vous serez, j'en suis sûr, dans le lieu d'exercice qui sera le vôtre dès septembre prochain, la belle âme réconfortante, constamment au service de notre ardu métier et de tout un chacun.

19 mai 2021-24 juillet 2023

CLX. – Gloire à la poésie authentique !

Maître adoré ! vos vers sublimes
Ont le parfum de l'Idéal.
Vous plongeâtes dans les abîmes
Votre doux regard sidéral
Afin d'en rapporter l'essence
Séraphique du non-oubli.
Vos chants purs font que nulle engeance
Ne peut nuire à l'Art anobli.

21 mai 2021

CLXI. – Offrande pour la Fête des Mères

Dédié à l'épouse d'Alain Nicola.

Ma chère Préfena, quelle chance est la tienne
D'avoir un cher époux qui toujours te soutienne.
Plus précieuse encor, c'est celle qu'ont tes deux
Enfants de ressentir ton doux amour pour eux.

Qu'elle soit d'aujourd'hui, qu'elle soit de naguère,
Jamais rien ici-bas ne remplace une mère.
Tout chagrin, toute peur, maux venant de partout,
La main de chaque mère apaise vraiment tout.

27 mai 2021-24 juillet 2023

CLXII. – Rarogne

En hommage à Rainer Maria Rilke,

inhumé à Rarogne en Suisse.

J'irai me recueillir, ô Maître, sur ta tombe
Quelque beau jour, là-bas, dans l'helvète pays,
Où ta vie a cessé. Quant à moi, je vieillis
Et ressens un besoin : le devoir qui m'incombe

Est dès lors de poursuivre, empli de passion
Ton œuvre magistrale, offerte à la culture
D'un monde où philistins ont tous l'ambition
De se croire l'égal de ta maîtrise pure.

Repose en paix, cher Maître ! À *ma* fin, je voudrai
Séjourner dans l'empire où trône l'Art magique.
C'est là que luit déjà ta grâce séraphique.

Le bonheur le plus haut, c'est la grâce, le rai
Qui subliment tes vers. Avec mon cœur qui cogne,
Je viendrai saintement t'honorer à Rarogne.

11-12 juin 2021-24 juillet 2023

CLXIII. – Hélène Vacaresco

Poétesse, tes chants de reine
Ont su faire pleurer des rois ;
Tes poèmes, ces purs émois,
Furent des dons, céleste Hélène !

Chère Hélène Vacaresco,
À la fin de tes vers sublimes,
Résonnaient d'enivrantes rimes,
En moi trouvant un doux écho.

J'eusse bien aimé te connaître,
Courir les jardins avec toi,
Et puis, si tu voulais de moi,
Passer les soirs à ta fenêtre.

Nuit du 18 au 19 septembre 2021-23 juillet 2023

CLXIV. – Victor Hugo

Je viens d'entamer la lecture de
La Légende des Siècles et c'est un nonpareil éblouissement.
Hugo, c'est le verbe vigoureux et tumultueux qui balaye
tout sur son passage, un flot continuel de sonorités martelées avec une ineffable virtuosité.
Hugo, c'est le roi dont le royaume ne connaît point de frontières. Le roi ? Que dis-je ?
Me serais-je trompé ? Hugo, c'est le poétique empereur !
Et seuls les médiocres sont trop aveugles pour le voir
ou trop sourds pour l'entendre. Ou pour le dire succinctement : on appelle cela du génie !

J'aime goûter aux vers du poëte empereur.
Son verbe surpuissant en mon âme éblouie
Se dépose et déploie une massive ardeur
Que je croyais déjà dans les ombres enfouie.

22 octobre 2021

CLXV. – Hommage double

En hommage à Rainer Maria RILKE et Victor HUGO.

Tout fut dit. Tout fut fait. Tout entra dans les ombres.
Votre verbe eut la force écrasante des dieux,
Et je reste bien seul à chanter en ces lieux,
Enfermé dans un monde où gisent des décombres.

Et se turent vos chants, mais les parfaits échos
De vos sublimes vers, tels un brillant fanal,
M'indiquent le chemin pour l'ultime Idéal,
Poëtes éternels au Paradis des Mots !

6-7 novembre 2021

CLXVI. – Humble hommage

En mémoire d'Agnés LASSALLE.

Agnès, morte après le coup fatal
D'un élève accablé par l'emprise
Exécrable et forte de son mal...
Ce n'est pas un fait divers banal !
Le chagrin nous frappe et s'éternise.

23 février 2023

LES PICTURALES

CLXVII. – Le palais du souvenir

C'est un palais long, large et haut :
Des murs et lambris sans défaut,
De rouges toiles suspendues
Côtoyant de blanches statues.

Des vitres partout, plus qu'assez !
Vitres qui vos rais déversez
Sur des parquets multicolores
Aux vieux parfums presque inodores.

Des degrés de marbre jauni
Se prolongent à l'infini,
Menant au fin fond d'oubliettes
Où bougent des ombres secrètes...

Et le portrait cher à mon cœur,
Où se fige un regard vainqueur,
S'élève vers une coupole
Que nimbe une ardente auréole.

2 juillet 1989-26 juillet 2023

CLXVIII. – Fantaisie surréelle

Flagada ! flagada ! flagada !... Les rails reracontent en rêvant le conte de fées charmant qu'une fort adorable fée leur avait naguère conté.

3 juillet 1989-28 juillet 2023

CLXIX. – La complainte du condamné

Inspiré par la chanson d'Arkadi Kobyakov Мрак и Холод.

Les chiens aboient dehors et des gardiens la ronde
Perdure dans le noir, perdure dans le froid.
Enfermé pour longtemps, purgeant ma peine immonde,
Je ne quitterai pas demain ce vil endroit.

Ne me reste que toi, Maman, qui viens me dire
Que tu m'aimes toujours malgré ce que j'ai fait
Dans un moment d'enfer où la panique et l'ire
Cruelles m'ont poussé dans les bras du méfait.

Jusqu'à la fin des fins de ma sombre existence,
Je resterai perclus dans ma cellule où nuit
Et jour, sans nul espoir, j'attendrai la sentence
Qui sonnera le glas, brutalement, sans bruit.

24 octobre 2021

CLXX. – Les dernières roses

  Les dernières roses
Offrent leur automnal relent,
   Végétales choses
Que Nature donne et reprend.

1er novembre 2021-28 juillet 2023

LES PÉDAGOGIQUES

CLXXI. – Avertissement

Là, mon cher, là tu te meus
Sur un terrain dangereux...

8 février 2003

CLXXII. – Devenez des maîtres !

> Dédié à mes élèves
> du Lycée S*** de B***
> de l'année scolaire 2020-2021.

Élève en Seconde, en Première, en Terminale, chacune et chacun d'entre vous m'a fait l'honneur d'endurer mes exigences et ma rigueur
qui sont le prix de la réussite finale.
Gardez la soif d'apprendre et toujours progressez sur le chemin du savoir et de l'existence. Rien n'est jamais acquis.
Eh oui ! La connaissance vous demande de lourds tributs. Persévérez !
Perpétuez les mots légués par vos ancêtres ; le plus bel hommage, c'est d'être leur témoin. Demeurez dignes face aux insultes et aux traîtres.
Je vous passe le flambeau. Portez-le plus loin que moi. Lisez souvent, exprimez-vous avec soin, apprenez, grandissez ! Puis devenez des maîtres !

> 8 mai 2021

CLXXIII. – Le poème sur l'immaturité

L'enseignant reste impertubable
Face à votre jeu lamentable ;
Votre triste immaturité
Ne peut rien contre la beauté
De tout mot qu'avec bienveillance
Je vous apprends dans la séance.

11 mai 2021-2 août 2023

CLXXIV. – Honte à toi !

Honte ! Honte à toi, le perturbateur !
Élève borné passant la séance
À ne point apprendre avec déférence
Les riches leçons de ton professeur !

Cesse sur-le-champ tous ces bruits débiles
Et puis réfléchis : que deviendrais-tu
Si tu cessais d'être un cancre têtu ?
Où te mèneront tes jeux infantiles ?

Écoute ! Et puis va sur la noble voie
De l'ardu savoir, car c'est un cadeau.
Fournis des efforts, rends ainsi plus beau
Ton rêve futur afin qu'il flamboie !

10 février 2023-2 août 2023

CLXXV. – Ô rage ! Ô désespérance !

Ô rage ! Ô désespérance !
La détestable insolence
De cet élève m'atteint.
Dans mon cœur, l'espoir s'éteint.

27 février 2023

LES SACRALES

CLXXVI. – Pardonne !

Ô Sainte Marie ! j'ai mon cœur qui saigne encore, blessé par les regrets que me laissa son corps superbe.
Mais toi seule, vénérable et pure Notre-Dame, a su déposer dans le tréfonds mon cœur le mot : Pardonne !

Nuit du 17 au 18 septembre 2006-17 août 2023

CLXXVII. – Ange gardien

Je sais des chants qui pleurent,
Enfantés dans les cieux
Par l'ange radieux
Dont les ailes m'effleurent.

Me viennent ses sanglots
Pour sans doute me dire
Que mes mots les plus beaux
Enchantent son empire.

C'est ainsi que paraît
Dans mon âme un poème
Dont le sublime attrait
Ravit l'ange qui m'aime.

Nuit du 23 au 24 mai 2021-2 août 2023

CLXXVIII. – Rédemption finale

Qu'à la fin nous soyons comblés,
Tels les défunts qui s'en allèrent
Rejoindre les êtres ailés,
Et Lui que ces derniers vénèrent.

Je serai quelque jour l'un d'eux,
Bercé par les vibrants cantiques
Des interprètes séraphiques
Dont l'orchestre est au fond des cieux.

25-26 juin 2021

CLXXIX. – Un ange qui s'attarde…

Un ange qui s'attarde
Au détour du chemin…
Dans la lueur blafarde,
Tremble vers moi sa main

En un geste furtif.
Et ses yeux mirifiques
Calment mon cœur chétif
Par ses rais bénéfiques.

Il m'apaise, et je meurs
Dans une symphonie,
Nonpareille harmonie
De ses chants endormeurs !

4 septembre 2021-2 août 2023

CLXXX. – J'ai des rêves puissants...

J'ai des rêves puissants, des visions lucides
Dans mon âme meurtrie au gré des temps arides.

Je clame dans le noir, je lance dans l'oubli
Les songes accablants de mon être affaibli.

Adviennent les jours gris ; la peur arrive et rôde
Dans le tréfonds sournois de ce qui me taraude.

Rêves toujours puissants et visions brutales...
Et, tremblotant, j'avance au fond des cathédrales.

Je marche, mais ne puis, empêché par le feu
Qui me consume encor, venir à Toi, mon Dieu !

11 septembre 2021-2 août 2023

CLXXXI. – Du matin jusqu'au soir…

Du matin jusqu'au soir, dans les plis sinueux
De mon âme fébrile aux accents de merveilles,
Viennent des vers parfaits, musiques nonpareilles !
J'éviterai, Seigneur, les chemins tortueux.

13 octobre 2021-2 août 2023

CLXXXII. – Je suis las de la nuit...

Je suis las de la nuit qui mon cœur enténèbre.
Amène-moi l'amante aux baisers enjôleurs,
Roi des apaisements ou du chagrin funèbre.
Et mes matins seront éblouis de couleurs !

14 octobre 2021-2 août 2023

CLXXXIII. – Quand Tu me parleras…

Quand Tu me parleras de choses sidérales
Avec des mots transmis par tous Tes Séraphins,
Et qu'humbles, ils seront bénis par les Divins
Qui dorment pour toujours au fond des cathédrales ;
Quand Tu me les diras, alors je pourrai croire
En Toi, Seigneur Jésus, et célébrer Ta gloire.

17 octobre 2021-2 août 2023

CLXXXIV. – Tout me fut dit…

Tout me fut dit. Je pars et délaisse ce monde.
Sous les blanches lueurs du firmament final,
S'installera dès lors le silence total.
Et me viendra la paix qui doucement m'inonde.

21 octobre 2021

CLXXXV. – **Solitude de Noël**

Ce soir, ô Christ, j'entends Tes plus fidèles Anges
Pleurer tout près de moi. Que leur *cantabile*
Apaise le chagrin de mon cœur esseulé.
Qui, hormis Toi Seigneur, comprend mes voix étranges ?

Et qui, hormis Ta Mère, en son suprême Amour,
Offre à profusion son réconfortant baume
À l'ami qu'un ami traite tel un fantôme
En ce soir de Noël dans sa grisâtre tour ?

24 décembre 2022-3 août 2023

CLXXXVI. – Sideralis

Sachez-le ! J'ai rejoint les rives des soupirs ultimes. La nuit a sublimé mes songes sidéraux par ses lueurs de phosphore qui pleuraient leurs larmes balsamiques. C'étaient des enchantements sans nombre, des scintillements sans fin, des sortilèges suavement susurrés.
Et tout s'éteignit alors dans la sublime éternité.

25 février 2023

CLXXXVII. – Les choses d'or ou le Don de Dieu

Roi de l'Éternité, Seigneur de plénitude,
Je crois aux choses d'or produites dans les cieux.
Et Vous les octroyez à ceux qui savent mieux
Enchanter par des mots leur âpre solitude.

Le Poëte aguerri, dans sa noble attitude,
Aspire à des sommets, recherche les hauts lieux
De l'Idéal magique et des sons mélodieux.
Et tout cela résonne et pleure en son étude.

Vous êtes le Divin, le Pur et l'Absolu !
De mon cœur Vous avez chaque nuance lu.
Vous sublimez mes jours, et c'est ainsi qu'arrive

De Vous à moi Votre Œuvre, et que coulent à flots
Les vers qui passeront de l'ici-bas la rive.
Puis Vous effacerez mes ultimes sanglots.

14 mars 2023

CLXXXVIII. – Mère rédemptrice

Mon cœur n'est plus triomphant,
Terrassé par l'infamie.
Ô Mère, divine Amie,
Dont je suis aussi l'enfant,

Tu te fais la Rédemptrice
De tous les êtres exclus.
Le Malin ne pourra plus
Me séduire par son vice.

Et plus tard viendra le baume
Que Ton Fils en son royaume,
Pour toute l'éternité,
Prodigue au désappointé.

23 mai-3 août 2023

LES MÉLANCOLIQUES

CLXXXIX. – Nocturne

Les voiles de la nuit tombent sur l'horizon ;
Je la vois lentement descendre sur le monde ;
Et, dans un long sanglot de souffrance profonde,
Sa beauté se déploie en pleine floraison.

22 janvier 1989-3 août 2023

CXC. – Tu dépeins sans envie…

Tu dépeins sans envie
Les choses de ta vie ;
Loin de toute rumeur,
Tout seul, tu te recueilles
Sous les trop blêmes feuilles
De ton instable humeur.

23 juin 1989-3 août 2023

CXCI. – Malaise

Quelqu'un me l'a dit :
Je suis mal à l'aise,
Mon cœur s'alourdit ;
Ne vous en déplaise !

7 juillet 1989-23 août

CXCII. – J'ai mis toute mon espérance...

J'ai mis toute mon espérance
    En ce tendre prénom.
Mais que reste-t-il ? Le silence
    Et l'amour qui dit : « Non ! »

7 juillet 1989-23 août 2023

CXCIII. – Les sœurs du vide

L'absence est pareille à la mort,
Car toutes deux sont sœurs du vide.
Morose mal, douleur perfide !
J'ai tant besoin de réconfort.

7 juillet 1989-3 août 2023

CXCIV. – Certaines choses demeurent...

Certaines choses demeurent
Bien plus fortes dans la vie :
Des yeux de fille qui pleurent,
Gorgés de mélancolie...

7 juillet 1989

CXCV. – Hypocrisie

J'ai peur des mots qui sonnent faux,
Et que l'on dit sans qu'on les pense.
Créateurs du morne silence,
Ils ont quand même des échos !

7 juillet 1989

CXCVI. – Les murailles de l'absence

Je suis bien trop triste,
Car mon cœur existe
En des rêves purs
Par-delà ces murs...

7 juillet 1989

CXCVII. – Comment supporter… ?

Comment supporter cette attente ?
Ainsi qu'une torture lente,
Elle fait palpiter mon cœur
Et rend le désespoir vainqueur !

7 juillet 1989

CXCVIII. – Spleen

Mon cœur se consume d'amour
Pour mon ange au regard de rêve...
J'ai déjà peur que d'alentour
La noire angoisse ne s'élève !

7 juillet 1989

CXCIX. – Le train berce ma douleur...

Le train berce ma douleur
Et berce aussi mon âme endolorie ;
Les rails reforment par cœur
Le mouvement trembleur de ma folie !...

7 juillet 1989

CC. – Nostalgie

Je me mets à mépriser
L'horloge beaucoup trop lente,
Et la distance éprouvante
Que j'aimerais tant briser !

7 juillet 1989

CCI. – Mais qu'ai-je donc fait... ?

Mais qu'ai-je donc fait au destin
Pour mériter cette tristesse ?
Pourquoi faut-il que mon chemin
Passe par des détours, sans cesse ?

7 juillet 1989

CCII. – Solitude

Je suis seul, mon frère, aussi seul que les pierres qui bordent le chemin ; seul comme les pierres sans lendemain que, sans les voir, les passants piétinent…

15 juillet 1989

CCIII. – Inhumanité

Je souffre de ce que les hommes ont fait.
Des kilomètres et des kilomètres de routes, au bout desquelles rien ne nous attend !
Des canaux monstrueux drainant les impuretés de nos âmes coupables vers des océans noirs et visqueux.
D'innombrables clapiers géants où se tassent nos piteuses solitudes et nos espérances mortes.
Des multitudes de tours infernales dirigées vers les cieux, envahis par de diaboliques volatiles en fer, qui tombent parfois dans l'abîme pour y produire des charniers immondes !...
Des machines ! Des machines partout !... Métal inhumain, matières artificielles, vitesse effroyable, béton étouffant, atmosphère épaisse... Des machines à la place des bêtes, à la place des hommes déjà !
Où ? quand ? comment cette inhumanité finira-t-elle ? Je vous le demande puisqu'elle m'attriste et me peine, me dévaste et m'épuise, me décourage et m'écœure, me consterne et me tue !
Je souffre atrocement d'être si loin de voir venir la fin de cette immense inanité !

15 juillet 1989

CCIV. – Chanson pour les mères du futur

Écoutez-moi, mes frères ! Le monde court à son déclin ! Comment donc ne le remarquez-vous pas ? J'ai peur de voir s'éteindre déjà l'amour sacré que l'homme portait jadis à la nature.
L'homme moderne est aveugle. L'amertume grise s'insinue en son âme quasi morte. Il doute et marche sans conviction sur la route de son existence polluée.
Secouez-vous ! Réveillez-vous ! La crainte acide d'une atmosphère irrespirable me tracasse. J'ai déjà sur ma langue le goût de l'or noir, et mon nez souffre déjà des relents de l'essence.
J'ai tellement peur par instants que je me soûle de chansons obsédantes...
Mais croyez-moi : le salut est ailleurs. Peut-être dans les yeux magiques des filles ?... Peut-être dans les larmes des mères qui pleurent la perte affreuse d'un enfant bien-aimé ?... Peut-être dans les bras qui s'étreignent avec passion sur la couche de l'amour fou ?...
J'ai peur au point que je voudrais m'évanouir dans les bras de la nuit rédemptrice à souhait, afin de ne devoir entendre plus longtemps le grincement douloureux des arbres qu'on tue !

15 juillet 1989-26 juin 2023

CCV. – Je suis quelqu'un qui porte...

Je suis quelqu'un qui porte
Une grande douleur
Au tréfonds de son cœur...
Mon âme est quasi morte.

20 janvier 1995

CCVI. – Les ailes obscures

Solitude, tu me fais mal une fois de plus. Tes ailes obscures s'étendent sur mes yeux meurtris.
J'ai trop peiné, peiné d'attendre l'amour rédempteur.
J'ai trop souffert, souffert d'entendre le vide éternel frapper à mon âme quasi morte, qui n'en peut plus.

20 novembre 1994

CCVII. – Écorché vif...

J'en ai plus qu'assez d'être *bien* aimé. Je préférerais de loin que l'on m'aimât tout court.

1er juin 2006-28 juillet 2023

CCVIII. – J'ai sangloté longtemps…

J'ai sangloté longtemps, longtemps,
Quand tu partis à l'aventure ;
Et s'est rouverte ma blessure
Sous les lueurs de maints couchants.

Et je suis rentré dans les ombres
Qui ne s'en vont point de sitôt ;
Alors, parmi les noirs décombres,
Mon cœur est mort beaucoup trop tôt.

13 septembre 2021-17 août 2023

CCIX. – J'ai bien des souvenirs...

J'ai bien des souvenirs qui pleuvent
En dedans de mon cœur meurtri.
C'est comme une onde, comme un cri,
Ce sont des désirs qui se meuvent,
C'est un mal qui n'a point péri.

Et mon rêve ne peut éclore,
Entravé dans son fier élan.
Brûlent mes sens, brûlent encore
Toutes souvenances d'antan
Qu'à regret je me remémore.

C'est un mal qui n'a point péri
En dedans de mon cœur meurtri.

28 septembre 2021-25 août 2023

CCX. – Pleure encore un peu...

Pleure encore un peu, douce âme, avant de choir,
Défaite des derniers liens qui te retenaient,
Dans l'ombre éternelle où s'éteint tout espoir.
Puis quitte pour toujours les matins qui venaient.

20 octobre 2021-17 août 2023

CCXI. – Dans la pénombre pâle...

J'ai bien souffert, hélas ! parfois des nuits durant
Dans la pénombre pâle et jusques à l'aurore.
La douleur revenait et ravivait encore
Les pires souvenirs vécus auparavant.

23 octobre 2021

CCXII. – Accomplissement

Nous disparaîtrons tous dans l'éternelle Nuit,
Au bout des vains plaisirs, au bout des grandes peines,
N'emportant rien du tout vers les portes lointaines
Qui derrière chacun se fermeront sans bruit.

28 mars 2022

CCXIII. – Les rêves pourprés…

J'ai des rêves pourprés qui peuplent mes sommeils.
L'Archange du délire a mis son sortilège,
Ses funestes desseins et tous ses noirs soleils
En mes moroses jours que jamais rien n'allège.

Vient le perfide dard sans prévenir, sans bruit,
Paralyser mon cœur, anesthésier mon âme.
C'est lui l'annonciateur, je le crains, de l'infâme
Et forte meurtrissure et du mal qui s'ensuit.

C'est à ce prix que naît l'Enchantement ultime,
Celui que j'ai voulu, celui qui transmettra
Dans les temps à venir, tel un rythme qui va,
Mon pérenne Idéal et mon Œuvre sublime.

1er-3 juillet 2022

CCXIV. – L'amour passa...

L'amour passa, s'étant hélas ! vite flétri
Pour ne plus revenir charmer le jaune automne.
Ce furent des sanglots au refrain monotone
Qui logèrent dès lors dans mon être meurtri.

Et je fus terrassé par ta fatale absence,
Frappé par la grisaille... Ô le temps révolu
Qui s'est évanoui dans le noir absolu !
Dis ! T'aimais-je ? T'aimais-je ? En as-tu souvenance ?

Est-ce que les clairs jours sont entrés dans la nuit ?
Celle qui sait cela, Mère mystérieuse,
Garde les yeux fermés, disparaît et s'enfuit.

Et l'histoire se clôt sans une fin rieuse.
Survient le désespoir quand tombe le rideau.
Tout s'efface, tout part. On éteint le flambeau.

16 février -6 mars 2023

LES ENDEUILLÉES

CCXV. – Mon père est mort...

Mon père est mort. C'est indicible. Et je l'aimais, je l'aimais...
Quelquefois, la vie existe là où, semble-t-il, jamais il n'y aura plus d'après.
Mon père est mort. Et la souffrance m'a malméné tant de fois malmené, telle la désespérance terrassant le mal-aimé dans son rêve trépassé.

27 mai 1992-17 août 2023

CCXVI. – La cohorte des douleurs

Notre mère est morte.
Dès lors, la cohorte
Des vives douleurs
Terrasse nos cœurs.

Nuit du 27 au 28 novembre 2016

CCXVII. – Rouge sur blanc

Voici ce que j'écris, *rouge sur blanc*, pour que l'Éternité le commémore.
C'est comme si je versais de mon sang afin que les siècles des siècles me comprennent.
Et voici comment je suis désormais : orphelin de Maman, depuis que le Monde Infini l'a faite sienne.

Nuit du 20 au 21 décembre 2016-15 août 2023 (jour de l'Assomption)

CCXVIII. – Consolation

Et maintenant, plus que jamais, j'ai besoin de mots pour lénifier mon cœur, depuis que Maman s'en est allée...
Des mots qui m'aideront à m'endormir en dépit de la douleur... depuis que sa voix ne brise plus le silence de nos jours.
Plus que jamais, ce sont des mots qu'il me faudra poser sur mes pages... ou bien les quérir auprès des vrais poëtes, car c'est en leur tréfonds que dort, je le pressens, ma seule consolation.

_{Nuit du 20 au 21 décembre 2016-15 août 2023 (jour de l'Assomption)}

CCXIX. – Mélancolie d'automne

Mère, je suis... Maman ! retourné voir ta tombe.
Dans le ciel où tu dors, qui la terre surplombe,
Règne le Roi d'amour, l'Éternel qui saura
Effacer tout chagrin lorsqu'Il m'appellera.

Et le bouquet de fleurs, que ma sœur bien-aimée
Humblement vint poser sur ton ultime lit,
A des teintes d'automne, ô saison sublimée !
Depuis ce jour, hélas ! toute lueur pâlit.

27 octobre 2021-15 août 2023 (jour de l'Assomption)

CCXX. – Dans les jardins, Maman…

Dans les jardins, Maman, qui pleurent ton absence,
Se taisent les oiseaux, s'étiole mon cœur.
Je progresse esseulé, je marche en plein silence
Depuis que s'éteignit la clarté du bonheur.

Et la peine aujourd'hui redevient ma compagne,
Elle que je croyais morte avec ses affronts.
Mais le Verbe éternel reverdit la campagne.
Fi des sanglots, Maman ! Nous nous retrouverons.

28 mars-7 juillet 2023

CCXXI. – Les roses blêmes

À présent, les roses sont bien blêmes.
Envolé l'éclat des jours heureux !
Tu disais naguère que tu m'aimes...
La Camarde a refermé tes yeux.

29 juin 2022 (Lycée S*** de B***, salle 213) – 15 août 2023 (jour de l'Assomption)

LES ESPÉRANCES

CCXXII. – Serment

Je veux vivre droit en laissant le tonnerre gronder dans l'air ambiant. Que ma vie éclate en cent mille jaillissements d'art et d'amour ! Je rêve d'acquérir la sagesse du vieux Merlin...
Toujours préoccupé de faire luire les feux magiques et porteurs de réconfort du regard lumineux de Celle que j'aime, je veux poursuivre ma route d'un pas confiant.
Oui, mon ange ! nous ferons des choses si belles : nous réinventerons ensemble les suaves caresses des amants éternels, tout comme leurs baisers, parcourus de vibrations lentes et fortes !

4 juillet 1989-26 juin 2023-17 août 2023

CCXXIII. – Résurrection

Non, le Poëte n'est pas mort ! Il a tout simplement besoin de dormir quelque temps.
Non, il n'est point non plus dérangé : il a tout bonnement, par inadvertance, laissé de vilaines épines égratigner son cœur.
Et voici qu'à présent sa plaie, béante, mais guérissable, a besoin de se refermer.
Silence ! Silence ! Tout ce chahut alentour cause vraiment du mal à ses oreilles trop sensibles.
Suffit ! Sa blessure est déjà assez profonde ; ne la creusez pas davantage avec vos mots imprudents et trop vite dits. Laissez-le reposer en paix. Suffit !
Peut-être que, demain, si Dieu l'aide, l'espérance renaîtra ; oui, demain, si Celle qu'il aime revient apaiser de ses mains lénifiantes ses tempes toujours douloureuses, et, sans dire un seul mot, lui apporter le Remède ultime !

13 juillet 1989-16 août 2023

CCXXIV. – Jeune fille, je viendrai près de toi...

Jeune fille, je viendrai près de toi, dans l'ombre où tu dors... Je me mettrai près de ta conscience endormie, tout contre ton âme qui revigore...
La noble nuit alentour tissera son cocon protecteur ; insensiblement, elle ôtera tout tracas, toute crainte à notre affectueuse complicité.
Et peut-être que, non loin de nous, dans le noir insondable, le plus séraphique des anges veillera sur le sommeil de nos cœurs, unis pour les siècles des siècles, unis pour tous les temps à venir.

26 juillet 1989-16 août 2023

CCXXV. – Vérité profonde et sérénité

Vérité profonde et sérénité au-delà de l'ignoble, inévitable sottise des hommes : voilà ce à quoi j'aspire sur ma route, tous les jours, à toute heure, éperdument !

19 mars 2002-16 août 2023

CCXXVI. – Elle me manque tellement...

Elle me manque tellement,
Cette Dame dont la tendresse,
Fera s'envoler ma détresse.
Je me languis d'Elle souvent.

11 juin 2004-16 août 2023

CCXXVII. – Car mes jours sont pleins de peine…

Car mes jours sont pleins de peine,
J'ai tant besoin d'être aimé ;
Et qu'enfin soit refermé
L'enfer de l'attente vaine !

5 juillet 2004-1er juillet 2023

CCXXVIII. – La peine et la joie

Il y aura de grands instants de peine et d'immenses moments de joie... Toute vie est ainsi faite ; j'y crois.

2 mai 2005-16 août 2023

CCXXIX. – Le mal mourra…

Le mal mourra dès que ta douce main
Reposera dans la mienne, demain !

11 septembre 2006-16 août 2023

CCXXX. – Le loup blanc

Pour mon fidèle compagnon canin Fédor.

Un beau jour, tu franchiras
Les Lisières Improbables,
Où, sans faute, tu vivras
Des délices innombrables.

Le regard profond, sans fiel,
Et la grande gentillesse
D'un loup blanc aux yeux bleu ciel
T'octroieront de la liesse.

17 juillet 2018-16 août 2023

CCXXXI. – Splendeur des splendeurs

J'ai soudain vu sourire, au fin fond de l'allée,
Venant d'un beau pays de par-delà la mer,
Furtive s'approchant, puis discrète, envolée,
Celle qu'on pouvait voir se révéler dans l'air.

J'ai promptement perçu, multiplié dans l'onde,
L'anneau de l'Idéal dont la couleur profonde
Est pareille à la Fleur la plus belle qui soit,
Avec en son regard des reflets qu'on perçoit.

Et c'est ainsi, pour moi, que passent les semaines.
Je lutte pour me faire, avec légèreté,
Revenir à la vie en apaisant mes peines.

J'ai tout de même encor l'intègre volonté
D'aller à l'autre bout de mes songes quérir
La plus douce âme-soeur qui me voudra chérir.

7-8 juin 2021-16 août 2023

CCXXXII. – Mon âme marche...

Mon âme marche sur ma route.
J'ai dans mon cœur des mots chantés
Auxquels avec amour j'ajoute
Les rimes de mes clairs étés.
Et le printemps viendra sans doute,
Et mes chagrins seront domptés.

24 septembre 2021-16 août 2023

CCXXXIII. – Des mots viendront…

Des mots viendront sur mes lèvres
Vous dire mes sentiments.
Mon cœur s'est tu trop longtemps,
Voulant revivre les fièvres
Dévorantes des antans.

9 octobre 2021-16 août 2023

CCXXXIV. – L'Enfer pourra venir...

L'Enfer pourra venir. Je ne le craindrai plus
Dès lors que toi, chérie, avec ton âme tendre,
Tu calmeras mon cœur ayant dû tant attendre
L'inespéré retour des désirs révolus.

15 octobre 2021-16 août 2023

CCXXXV. – Rêve cardinal

Lui, le regard charmé par les couleurs des roses,
Sans relâche poursuit son rêve cardinal.
Mais, au fil des saisons, jusqu'au froid hivernal,
Viendra demain le temps des renaissantes choses !

6 novembre 2021-16 août 2023

CCXXXVI. – Vivrai-je assez longtemps… ?

Vivrai-je assez longtemps pour voir enfin éclore
Des chants encor plus beaux que des spendeurs d'aurore ?

Vivrai-je à tes côtés, compagne d'avenir,
Mon ange de demain, que je voudrai bénir ?

Ensemble ferons-nous les plus tendres des choses
Avant le noir trépas des automnales roses ?

Et qu'importe que vienne, aussi froide qu'un vent,
La Camarde cruelle, achever le vivant !

5 décembre 2021-16 août 2023

CCXXXVII. – La fille des flammes

Ô vois-tu parfois l'inconsolable peine
Du poëte vieux au regard non comblé ?
Naissent en son sein des songes d'esseulé
Et rien n'amoindrit le poids de sa semaine

Passée à pleurer le vide de son lit.
Rien n'effacera sa sombre solitude.
Envolée au loin l'ardente plénitude
D'une fille d'or que l'amour embellit !

Et pourtant, demain, si tu le veux, Marie,
Tu puis égayer son existence aigrie,
Mère du bonheur de chacun d'entre nous,

Par l'avènement d'une fille de flammes,
Splendeur des splendeurs parmi toutes les femmes,
Qui partagera ses rêves les plus doux.

11 mai 2022 (Lycée S*** de B***, salle 102)-16 août 2023-16 août 2023

CCXXXVIII. – Rêverie à deux

Tout ce qu'à travers les fenêtres nous pouvons voir, tout ce que nous aimons à y savourer, le soir venu. L'Azur se jouant sur les vitres émerveillées nous apporte le calme du crépuscule naissant qui s'ensuit. Nos âmes voltigent à la rencontre des splendeurs multiples dont les vastes cieux semblent auréolés. Nos esprits contemplateurs se laissent griser et prennent avec grand élan leur envol vers les nuées paradisiaques.
Une mélodie de magnificence nous enivre, accompagnée de parfums vifs et balsamiques, tiède brise odorante qui nous frôle et nous laisse rêver de plénitude. Et nous savons, par les fragrances qui nous enbaument, que tant de vastitude est déchirante pour qui sait toucher aux merveilles.

Avril 2023-16 août 2023

CCXXXIX. – La dame dont je rêve

La dame dont je rêve a des yeux beaux et noirs,
De promesses gorgés. Et naissent des espoirs
Dans le vide abyssal de ma couche orpheline.
La rose dont je rêve est exempte d'épine.

22 juin 2023

CCXL. – Les sourires prometteurs

Pourquoi pas pour moi, mon Dieu, ces sourires prometteurs, ces rires enivrants, spontanés ?
Et mon cœur qui bat frémit quand je l'aperçois, la Madone !
Et mon cœur brûlant rêve de la voir m'approcher.
Pourquoi pas pour moi mille caresses de feu, espérances de son regard fébrile, désireux d'amour vainqueur ?

27 mai 1992-16 août 2023

CCXLI. – Promesse d'amour

Je fais un rêve, songe pur
De toi, Femme qui m'accompagne,
Mon affriolante compagne !
Tu viendras poser ta main sur

Mon front, tant harassé que triste
D'avoir été trop longtemps seul.
Asseyons-nous sous le tilleul
Du parc où le bonheur existe !

Ta tête contre mon épaule
Reposera, tout apaisée.
Chaque peine sera passée
Dès l'instant où ton corps me frôle.

Et l'intense nuit connaîtra,
Très-chère, j'en fais la promesse,
De ton corps la tendre mollesse
Et nos baisers qu'il nous faudra.

14 avril-16 août 2023

CCXLII. – Donne-moi ta main...

Pour Elle qui se reconnaîtra.

« Mon âme a son secret, ma vie a son mystère... »

Sonnet d'Arvers

Donne-moi ta main, jeune femme !
Inonde mon cœur de la flamme
Lénitive de ta bonté.
Aujourd'hui renaît l'espérance,
Ravivée en voyant la transe
Au fond de tes yeux pleins d'été.

10 août 2023

Table

Dédicaces 5
En guise de préface 7

Liminaire 9
L'Éternel féminin 11

Poèmes à Véronique 17
I. – Ta chevelure… 19
II. – Encore un petit jour… 20
III. – Pour le meilleur et pour le pire… 21
IV. – Va-et-vient d'amour... 22
V. – Vers quels horizons… ? 23
VI. – C'est mon amour qui doute… 24
VII. – Il faut m'aimer… 25
VIII. – Félicité 26
IX. – Merveilleuse fille… 27
X. – Protection 28
XI. – Fantaisie en mauve 29
XII. – Avec nos doigts épris… 30
XIII. – Rencontre 31
XIV. – Apaise-moi… 32
XV. – Écriture, amour et vie 33
XVI. – Prédilection 34
XVII. – Sablier d'amour 35
XVIII. – Les douleurs éteintes 36
XIX. – Pour ne pas que je pleure… 37
XX. – Envie exquise… 38
XXI. – Quatre jours… 39
XXII. – Viens-t'en, pleine d'amour… 40
XXIII. – Ma peine, c'est ton sourire… 41
XXIV. – Même si demain… 42
XXV. – Adieu 43
XXVI. – Splendeur virginale 44
XXVII. – Fantaisie ferroviaire 45
XXVIII. – Abêtissement 46
XXIX. – La victoire est au bout… 47

XXX. – Les rails qui courent !... 48
XXXI. – Tout à l'heure... 49
XXXII. – Y a mon cœur qui saigne... 50
XXXIII. – Mon cœur est vide... 51
XXXIV. – Impatience 52
XXXV. – Vacuité 53
XXXVI. – Quand sera-ce donc... ? 54
XXXVII. – Tout ce qui n'est pas toi... 55
XXXVIII. – Ville géante 56
XXXIX. – Voyage initiatique 57
XL. – Billet doux 58
XLI. – Carnaval 59
XLII. – Fantaisie en amour majeur 60
XLIII. – Auréole 61
XLIV. – Ton être est pur... 62
XLV. – Amour exclusif 63
XLVI. – Vœu d'amour 64
XLVII. – Sérénade angélique 65
XLVIII. – Enlacement 66
XLIX. – C'est à chaque fois... 67
L. – Elle voudrait revivre... 68
LI. – L'amour au bout du fil 69
LII. – Il m'est doux de penser... 71
LIII. – L'amour, ce grand sentiment... 72
LIV. – Mais pourvu que je dise... 73
LV. – Amour intrépide 74
LVI. – Il est déjà l'heure... 75
LVII. – Aube nouvelle 76
LVIII. – Rendre sa vie affriolante... 77
LIX. – Je ne suis jamais plus heureux... 78
LX. – Le Bonheur, c'est un petit mot... 79
LXI. – Joyeux anniversaire... 80
LXII. – Encore quelques jours... 81
LIII. – Je pense à toi... 82
LXIV. – Mon âme veut dormir... 83
LXV. – Céleste chérie 84
LXVI. – Ces rails, où le vide résonne... 85
LXVII. – Je veux t'aimer en rose... 86
LXIII. – On n'aime jamais assez !... 87

LXIX. – Petit poème 88
LXX. – De la douceur, encore, encore ! 89
LXXI. – Au fond de ma cage de verre… 90
LXXII. – Plus que cette journée… 91

Poèmes à Elles 93
LXXIII. – Ange de douceur… 95
LXXIV. – Déclaration 96
LXXV. – Amante pleine de délire 97
LXXVI. – Pour ce regard… 98
LXXXVII. – Fille aux yeux d'azur… 99
LXXXVIII. – Les yeux d'espoir 100
LXXXIX. – Si tu souhaitais… 101
XC. – Le monde est vide… 102
XCI. – L'Enchanteresse… 103
XCII. – Arrachés à mon âme… 104
XCIII. – Et souviens-toi que je t'attends… 105
XCIV. – Comblé de bonheur ?… 106
XCV. – Avec ma tendresse… 107
XCVI. – Ô l'immense malentendu !… 108
XCVII. – Laurence 109
XCVIII. – Maître de ton amour 110
XCIX. – Mort de peine 111
C. – Pour ma douce amie moscovite 112
CI. – Proposition décente 113
CII. – Ma Russe et ma Madone 114
CIII. – Linda 115
CIV. – Rondel 116
CV. – Abrège nos adieux… 117
CVI. – Antan 118
CVII. – La dame gracieuse 119
CVIII. – Fille d'Or 120
CIX. – Du tréfonds des étoiles 121
CX. – Jardin secret 122
CXI. – Les mots consolateurs 123
CXII. – Charmé par ta douceur… 124
CXIII. – Des perles et des roses… 125
CXIV. – Prière d'amour 126
CXV. – La vallée sans lys 127

Les hermétiques 129
CXVI. – Genèse 131
CXVII. – Alchimie 132
CXVIII. – Que les torrents jaillissent !… 133
CXIX. – Méandres 134

Les sortilèges 137
CXX. – Le sommeil de la créature 139
CXXI. – L'oiseau de minuit 140
CXXII. – La légion infernale 141
CXXIII. – Olw-Gdavel 142
CXXIV. – Le règne impie 143
CXXV. – Naguère et maintenant 144
CXXVI. – La tour maudite 145
CXXVII. – Femme fatale 146
CXXVIII. – Le sorcier 147

Le poëte et son art 149
CXXIX. – Art et douleur 151
CXXX. – L'œuvre n'est pas finie… 152
CXXXI. – La naissance de l'immortalité 153
CXXXII. – Faire pleurer l'Azur… 154
CXXXIII. – Inspiration 155
CXXXIV. – Vocation 156
CXXXV. – Illumination 157
CXXXVI. – Calligraphie 158
CXXXVII. – Je suis un grand enfant… 159
CXXXVIII. – L'artiste pleure… 160
CXXXIX. – Pourquoi j'écris 161
CXL. – Avènement 162
CXLI. – Artiste 163
CXLII. – Le passage du flambeau 164
CXLIII. – Les plus désespérés… 165
CXLIV. – Le maître des mots 166
CXLV. – Le réenchantement 167
CXLVI. – Art poétique 168
CXLVII. – Poëte immortel 169
CXLVIII. – Récital 170
CL. – Poëte ! si les mots… 171

CLI. – Tout passe… 172
CLII. – Le breuvage amer 173
CLIII. – Rai boréal 174
CLIV. – Le sculpteur poétique 175

Les hommages 177
CLV. – Frédéric Chopin 179
CLVI. – Compassion 180
CLVII. – Serge 181
CLVIII. – Amitié 182
CLIX. – Pour Madame F***** 183
CLX. – Gloire à la poésie authentique ! 184
CLXI. – Offrande pour la Fête des Mères 185
CLXII. – Rarogne 186
CLXIII. – Hélène Vacaresco 187
CLXIV. – Victor Hugo 188
CLXV. – Hommage double 189
CLXVI. – Humble hommage 190

Les picturales 191
CLXVII. – Le palais du souvenir 193
CLXVIII. – Fantaisie surréelle 194
CLXIX. – La complainte du condamné 195
CLXX. – Les dernières roses 196

Les pédagogiques 197
CLXXI. – Avertissement 199
CLXXII. – Devenez des maîtres ! 200
CLXXIII. – Le poème sur l'immaturité 201
CLXXIV. – Honte à toi ! 202
CLXXV. – Ô rage ! Ô désespérance ! 203

Les sacrales 205
CLXXVI. – Pardonne ! 207
CLXXVII. – Ange gardien 208
CLXXVIII. – Rédemption finale 209
CLXXIX. – Un ange qui s'attarde… 210
CLXXX. – J'ai des rêves puissants… 211
CLXXXI. – Du matin jusqu'au soir… 212

CLXXXII. – Je suis las de la nuit… 213
CLXXXIII. – Quand Tu me parleras… 214
CLXXXIV. – Tout me fut dit… 215
CLXXXV. – Solitude de Noël 216
CLXXXVI. – Sideralis 217
CLXXXVII. – Les choses d'or ou le Don de Dieu 218
CLXXXVIII. – Mère rédemptrice 219

Les mélancoliques 221

CLXXXIX. – Nocturne 223
CXC. – Tu dépeins sans envie… 224
CXCI. – Malaise 225
CXCII. – J'ai mis toute mon espérance… 226
CXCIII. – Les sœurs du vide 227
CXCIV. – Certaines choses demeurent… 228
CXCV. – Hypocrisie 229
CXCVI. – Les murailles de l'absence 230
CXCVII. – Comment supporter… ? 231
CXCVIII. – Spleen 232
CXCIX. – Le train berce ma douleur… 233
CC. – Nostalgie 234
CCI. – Mais qu'ai-je donc fait… ? 235
CCII. – Solitude 236
CCIII. – Inhumanité 237
CCIV. – Chanson pour les mères du futur 238
CCV. – Je suis quelqu'un qui porte… 239
CCVI. – Les ailes obscures 240
CCVII. – Écorché vif… 241
CCVIII. – J'ai sangloté longtemps… 242
CCIX. – J'ai bien des souvenirs… 243
CCX. – Pleure encore un peu… 244
CCXI. – Dans la pénombre pâle… 245
CCXII. – Accomplissement 246
CCXIII. – Les rêves pourprés… 247
CCXIV. – L'amour passa… 248

Les endeuillées 249

CCXV. – Mon père est mort… 251
CCXVI. – La cohorte des douleurs 252

CCXVII. – Rouge sur blanc 253
CCXVIII. – Consolation 254
CCXIX. – Mélancolie d'automne 255
CCXX. – Dans les jardins, Maman… 256
CCXXI. – Les roses blêmes 257

Les espérances 259

CCXXII. – Serment 261
CCXXIII. – Résurrection 262
CCXXIV. – Jeune fille, je viendrai près de toi... 263
CCXXV. – Vérité profonde et sérénité 264
CCXXVI. – Elle me manque tellement… 265
CCXXVII. – Car mes jours sont pleins de peine… 266
CCXXVIII. – La peine et la joie 267
CCXXIX. – Le mal mourra… 268
CCXXX. – Le loup blanc 269
CCXXXI. – Splendeur des splendeurs 270
CCXXXII. – Mon âme marche… 271
CCXXXIII. – Des mots viendront… 272
CCXXXIV. – L'Enfer pourra venir… 273
CCXXXV. – Rêve cardinal 274
CCXXXVI. – Vivrai-je assez longtemps… ? 275
CCXXXVII. – La fille des flammes 276
CCXXXVIII. – Rêverie à deux 277
CCXXXIX. – La dame dont je rêve 278
CCXL. – Les sourires prometteurs 279
CCXLI. – Promesse d'amour 280
CCXLII. – Donne-moi ta main… 281

Printed in Poland
by Amazon Fulfillment
Poland Sp. z o.o., Wrocław
28 August 2023

b22bbe5e-350a-4585-9836-b63243113d67R01